교사의
말하기

이 도서는 한국출판문화산업진흥원
'2019년 우수출판콘텐츠 제작 지원' 사업 선정작입니다.

선생님의 말은 어떻게 아이들의 삶에 힘이 되는가?

교사의
말하기

발행일   2019년 7월 01일 초판 1쇄 발행
           2023년 1월 27일 초판 3쇄 발행
지은이   이용환, 정애순
발행인   방득일
편 집   박현주, 허현정
디자인   강수경
마케팅   김지훈

발행처   맘에드림
주 소   서울시 도봉구 노해로 379 대성빌딩 902호
전 화   02-2269-0425
팩 스   02-2269-0426
e-mail   momdreampub@naver.com

ISBN 979-11-89404-20-8 03370

선생님의 말은 어떻게
아이들의 삶에 힘이 되는가?

교사의 말하기

이용환·정애순 지음

맘에드림

교사의 말속에 펼쳐진 배움의 세계

말과 참으로 오랜 시간 줄다리기를 한 듯합니다. 처음 교사의 말에 대한 책을 써보지 않겠느냐는 제안을 받았을 때, 조금 망설였습니다. 솔직히 말하는 것에 그다지 자신이 없었기 때문이죠. 그런데 혼자서 쓰는 것이 아니라 둘이 써보면 어떻겠냐는 말에 약간 솔깃해졌습니다. 그래서 공저자로 지목된 사람에게 물어보니 선뜻 수락하는 게 아닙니까? 그래서 덜컥 시작했는데, 막상 말에 대한 생각을 글로 표현하려니 어디서부터 무엇을 어떻게 써야 할지 막막하기만 하더군요.

당시 나는 《파스칼 키냐르의 말》을 막 읽기 시작했는데, '전혀 즐겁지도 않고, 전혀 행복하지도 않은 이 일을 왜 하려고 하는 걸까?'라는 회의마저 들 정도였습니다. 그러나 글쓰기는 버리기로부터 비롯된다는 말에 용기를 내서 평소 말에 대해 품고 있었던 생각들을 글로 옮겨보려고 애썼습니다.

솔직히 고백하면 생각만큼 잘 되지는 않았습니다. 그나마 위안을 삼는다면 글은 쓰는 사람의 몫보다 읽는 사람의 몫이 더 크다는 점입니다. 내가 무엇을 의미하고 썼건 간에 내 손을 떠나고 나면 그것은 이미 내 것이 아니니까요.

말에 대한 다양한 생각과 경험

나는 말에 대한 사람들의 이런저런 생각들을 책 속에 담아보고 싶었습니다. 그래서 말에 대한 다양한 대화를 나누고 그것에 관해 써볼 심산이었죠. 그러나 생각했던 바가 항상 그대로 구현될 수 있는 건 아닙니다.

　책을 기획한 분께서는 현재 선생님들이 말하는 것을 어려워하니 '교사의 말공부' 같은 것이 필요하지 않겠느냐고 하셨죠. 그렇다면 뭔가 설명할 것이 더 필요했습니다. 단순히 자유로운 대화 형식을 고집할 수만은 없었죠. 결국 선생님의 말에 대한 개관에 해당하는 내용을 내가 쓰고, 실제 교사들에게 도움이 될 만한 경험이나 에피소드를 공저자인 정 선생이 쓰기로 했습니다. 그렇게 해서 탄생한 것이 바로 이 책입니다.

우리가 사용하는 말이 삶이자, 세계다

니체의 말처럼 꿀벌은 밀랍으로 자신의 집을 짓지만, 인간은 말로서 자신의 세계를 짓습니다. 우리가 사용하는 말이 곧 우리의 삶이요, 세계인 것입니다. 그렇다면 교사의 말은 곧 **배움의 세계**가 아닐까요? 우리 교사들의 말속에서 아이들이 배우고 무럭무럭 성장해 나가니까요.

말을 새롭게 한다는 것은 또한 세상을 새롭게 만드는 것입니다. 우리 아이들이 말을 배운다는 것은 새로운 세상을 받아들인다는 것을 의미하죠. 따라서 말에 대해 새롭게 생각하고 제대로 배우는 것은 가르치는 사람에게 있어서 그 무엇보다 중요하다고 생각합니다. 이것이 교사의 말공부가 필요한 이유입니다. 그런 뜻에서 이 책이 말의 대장간 역할을 자처하고자 했으나 그 문턱에도 미치지 못했으니 아쉬울 따름입니다. 나름대로 대장간 화로의 불쏘시개로라도 쓰였으면 하는 바람입니다.

덧붙이는 감사의 말

어떤 점에서 말은 삶을 꼭 닮은 것 같습니다. 살아보고 나서야 지난 삶이 소중했다고 뼈저리게 느끼게 되는 것처럼 우리는 말을 하고 나서야 '아차!' 하며 후회하곤 하니까요. 그래서인지 글을 다 쓰고 나니 후회와 부끄러움이 밀려옵니다. 평소에 '감사하다'는 말을 너무 아낀 듯해서입니다. 이 책을 쓰도록 격려하고 도와준 가족에게 먼저 감사합니다. 내 이야기를 주의 깊게 들어주고 따뜻한 조언을 해준 주변 지인들과 동료들에게도 감사합니다. 그리고 책을 처음 제안해주고 출판까지 허락해준 방득일 사장과 맘에드림 출판사 관계자들께도 감사드립니다. 마지막으로 이 책을 읽는 독자에게도 감사의 마음을 전하고 싶습니다. 오늘 하루도 모두 행복하시길….

수락산 아래에서

이동환, 정애순

차례

말 공 부   0 1   교사, 말공부를 시작하다

한번 한 말은 돌이킬 수 없다

말 공 부 0 4 말공부를 통해 교사와 학생이 함께 성장하다

선생님의 말, 학생은 물론 교사 자신을 바꾸다

교실에서의 가르침은 거의 대부분 말에서 시작해서 말로 끝난다. 선생님의 말, 학생의 말, 교과서의 말… 그중 선생님의 말은 매우 큰 비중을 차지한다. 그런데 선생님은 늘 학생들에게 뭔가를 말하고 있지만, 과연 말하는 만큼 아이들에게 전달이 제대로 되고 있는지에 관해서는 미지수다. 교직생활이 쌓여갈수록 말하는 기술은 분명히 점점 더 늘어가는 것 같은데, 어찌된 영문인지 소통은 점점 더 어렵게만 느껴지기도 한다. 이에 여기에서는 선생님의 말에 담긴 의미와 함께 지혜로운 교사를 위한 말공부를 개관해보려고 한다.

한번 한 말은
돌이킬 수 없다

교사, 말공부를 시작하다

학생과의 소통에 어려움을 느끼는 교사들에게

"백 번을 말해도 소용없어요!"

선생님의 말, 무엇이 가장 중요할까? 교사의 말공부라는 주제로 이 책의 첫 문장을 어떻게 시작하면 좋을지 참으로 고민이 많았다. 그러던 차에 마침 마음을 움직이는 문구를 발견했다.

"훌륭한 커뮤니케이터는 상대의 언어를 사용한다."

이는 미디어 전문가인 마샬 맥루한(Herbert Marshall McLuhan)의 유명한 말이다. 이 말은 말하는 이에게 가장 중요한 것은 바로 상대에게 대한 **배려**라는 것을 짐작하게 해준다. 아무리 좋은 말을 떠들어봐야 상대가 귓등으로도 들어줄 마음이 전혀 없다면 무슨 소용이 있겠는가. 내가 하는 좋은 말이 상대에게도 어떤 좋은 영향력을 미칠 수 있을 때, 말의 힘도 비로소 극대화되는 것이다.

말재주보다 훨씬 더 중요한 것, 진정성

그렇다. 관건은 말하기 그 자체가 아닌 소통에 있다. 그리고 원활한 소통을 위해서는 상대와의 교감이 필요하다. 상대를 고려하지 않고 그저 나 하고 싶은 말만 해서는 아무리 좋은 말도 공감을 얻기 힘들다. 그렇다고 상대가 듣고 싶어 하는 이야기만 한다면 영 실속이 없다. 말을 할 때는 자기가 말하고 싶은 내용과 상대가 듣고 싶어 하는 내용 사이에서 절묘한 줄타기를 해야 한다.[1]

> "아무리 말해도 아이들이 제 말을 이해하지 못하는 것 같아요."
> "아이들을 설득하려고 해도 소용없고, 꿈쩍도 안 해요."

많은 교사들이 종종 이와 같이 불평한다. 비단 교실에서뿐만 아니라 일상생활에서도 우리가 상대에게 아무리 말을 해도 그들의 이해나 납득을 얻어내지 못할 때가 많다. 그런데 이것은 말의 표현에 문제가 있다기보다는 말에 무게나 깊이가 없는 것이 문제일 때가 훨씬 더 많다. 아무리 현란한 말기술을 가지고 있어도 말의 핵심, 즉 알맹이가 빠진 상태에서는 진정성을 의심받거나, 상대에게 그저 말뿐이라는 인상을 주기 쉬운 것이다.

평소 말수도 별로 없고, 말솜씨도 그리 뛰어나지 않은데, 의외

---

1. 강원국, 《대통령의 글쓰기》, 메디치미디어, 2014, p.33 내용 참조

로 "이 사람의 말이라면 믿을 수 있다."거나 "이 사람이 하는 말은 묘하게 끌린다."라고 평가를 받는 경우가 종종 있다. 야구의 신인 '야신'이라고 불리는 김성근 감독 또한 그러한 인물 중 한 명이다. 그는 눌변이지만, 여기저기에서 수많은 강연 요청을 받는다고 한다. 프로야구 시즌 중에는 그의 말 한마디 한마디가 대중의 주목을 받곤 했다. 이유는 무엇일까? 바로 말솜씨와는 별개로 그가 말하고자 하는 메시지가 진솔하면서도 명확하기 때문이다. 그는 경기 전 취재진을 상대로 한 인터뷰는 물론이고, 선수단과도 끊임없이 대화를 한다고 한다.

여기서 잠시 '눌변'이란 말의 뜻을 살펴보자. 눌변이란 더듬거리며 하는 서투른 말솜씨를 가리킨다. 여기서 '눌'은 한자로 '訥'이라고 쓰는데, 이 글자의 의미를 살펴보면 절로 무릎을 탁 치게 된다. 왜냐하면 이 글자는 '말을 더듬거리다'라는 뜻과 함께 또 다른 뜻을 가지고 있기 때문이다. 바로 '입이 무거워 말을 잘 하지 않는다'는 뜻도 함께 가지고 있는 것이다. '언(言)' 변에 '내(內)' 자가 붙어 있는 것으로 보아 말을 안으로 담아둔다는 뜻이 된다.

실제로 우리나라에서 예로부터 '눌변'은 부정적인 의미가 아니었다. 오히려 옛사람들은 번드르르한 말솜씨를 자랑하는 달변을 그리 높이 평가하지 않았다. 경험적으로 돌이켜봐도 하고 싶은 말이 많아도 참고 있다가 한 번씩 자신의 생각을 솔직하게 드러내는 것이 결과적으로 더 큰 파장을 일으킬 때가 많다는 점을 우리는 기억해야 할 것이다.

상대의 마음을 움직이는 말의 비밀은?

호소력 있는 말, 마음에 울림을 주는 말을 이끌어내는 비밀은 결코 말하는 기술에 있지 않다. 단순한 이해를 넘어 다른 사람의 마음까지 움직이게 하는 말의 비밀은 바로 **내면의 말**이다. 내 마음에서 우러나오는 내면의 말이 깊이를 더해줄 때, 다른 사람의 마음도 움직이게 한다는 것이다. 실제로 이 '내면의 말'을 단련하는 것이야말로 의사소통의 핵심이다. 오랜 교직생활 끝에 얻게 된 말에 대한 깨달음을 공유하자면 이러한 내면의 말에 충실하면 사실 다른 기교는 그리 중요하지 않다는 것이다.

교직에 처음 발을 들였을 때부터 나를 괴롭힌 것이 바로 말이었다. 나는 어릴 적부터 과묵하기로 소문난 사람이었고, 말을 많이 하는 게 체질적으로도 맞지 않았다. 그래서인지 말을 많이 한 날은 유독 지치고 집에 돌아오자마자 곧바로 쓰러져 잠들기 일쑤였다. 그렇지만 교사라는 직업상 말을 하지 않을 순 없는 노릇이 아닌가? 그래서 어떻게 말하는 것이 적게 말하면서 효과적으로 말하는 것인지 많이 고민했고, 10년 해 즈음에는 어느 정도 말에 자신감이 붙기 시작했다.

초등학교 5~6학년쯤 되면 어휘력이 부쩍 늘어나면서 아이들이 말장난을 매우 좋아하게 된다. 그런 아이들을 가르치며 그들을 웃기고 울리는 현란한 말솜씨를 내심 즐기던 시절도 있었다. 그런데 어찌된 일인지 나이가 들어갈수록, 경력이 쌓이면 쌓일수록 또다시 말하는 것이 점점 더 조심스럽고 어려워지고 있다.

> 이 세상에는 전적으로 희거나 검은 것은 없고 흰색은 그 안에 검은색을
> 숨기고 있으며 또한 검은색은 흰색을 포함하고 있다.

에밀 아자르의 소설 《자기 앞의 생》에 나오는 말인데 우리네 삶을 아주 잘 표현한 말이라고 생각한다. 우리가 하는 말도 마찬가지다. 세상에는 아주 좋은 말도 없고, 아주 나쁜 말도 없다. 나쁜 말에도 배울 것이 들어 있고, 아주 좋은 말에도 나쁜 것이 섞여 있기 마련이다. 같은 말도 아이에 따라 다르게 받아들이고, 칭찬이라고 해서 항상 듣기 좋으란 법은 없다. 말보다 행동이 우선이고, 때로는 침묵이 말보다 더 효과적일 때도 있다. 그만큼 말을 잘하고, 특히 말로 잘 가르친다는 것은 어렵고도 힘든 일이다.

우리가 날마다 하는 말은 의식하지 않은 채 습관적으로 하는 경우가 많다. 그런데 교사들이 습관적으로 하는 말들이야말로 학생들에게 아주 중요한 영향을 미친다. 선생님의 말은 아이들의 삶과 이어져 있고, 앞으로 그들의 인생 전체에 영향을 끼칠 수 있다. 그렇기 때문에 더더욱 선생님의 말은 중요한 것이다.

아마도 많은 교사들이 말에 어려움을 느낄 것이다. 때로는 자신의 말을 되돌아볼 것이고, 또 때로는 자신이 하는 말에 의심을 품기도 할 것이다. 이 책은 그런 의미에서 쓰게 된 것이다. 다만 필자들의 평소 철학과 경험에서 나온 것이라 미천하기 그지없고 새

삼스러울 것도 없지만, 책을 쓰는 동안 우리 자신을 되돌아볼 수
있어서 좋았다. 이 책을 읽으면서 혹여 여러분의 마음을 끄는 말
한 구절이라도 발견한다면 더없이 기쁠 것이다.

듣는 이를 탓하기 전에
나의 말을 돌아보라

"요즘 애들은 영 말이 안 통해!"

이미 고백했지만, 나는 원래 말주변이 뛰어난 사람은 아니었다. 그래도 교사로서 30여년을 살아온 덕분인지 기술적으로는 어느 정도 자신감이 생겼다고 자부하지만, 어쩐지 나이가 들어갈수록 다시 말하는 것이 어렵고, 소통도 점점 더 조심스러워지는 것 같다. 그래서인지 몰라도 "나이 들어서는 입은 다물고 지갑은 열라."는 말을 더욱 실감하며 서글퍼하고 있다.

말을 잘하는 것과 소통을 잘하는 것의 간극

가르침을 업(業)으로 하는 교사는 '말'로 사는 사람들이다. 그야말로 교사에게 말은 생명이요 근원이다. 실상 교사는 말을 잃으면 거의 모든 것을 잃게 되는 것이나 마찬가지다. 말이 곧 인격이라는 것이 교사들처럼 딱 들어맞는 경우도 그리 흔치 않을 것이다.

그런데 교사로서의 경력이 쌓이면 쌓일수록 말하기가 더욱 조심스럽고 힘들어지는 건 왜일까? 그건 아마도 말을 잘한다는 것과 소통을 잘한다는 것이 반드시 일치하지 않는다는 걸 뼈저리게 깨달았기 때문일 것이다.

많은 교사들이 인정하겠지만, 경력이 쌓일수록 초임교사 시절에 비해 말솜씨가 느는 것은 맞다. 그러나 말솜씨가 좋아졌다고 해서 과연 소통도 잘하게 될까? 단언컨대 그건 아니다. 소통은 '말하기' 그 자체로 머무는 것이 아니다. 즉 듣는 사람에게 나의 진의가 온전히 받아들여졌을 때, 비로소 소통에 성공했다고 할 수 있는 것이다. 따라서 아이들에게 내가 하고 싶은 말만 일방적으로 신나게 말해서는 소통에 실패할 확률이 높다. 말 잘하는 사람이 소통에 실패하기 쉬운 이유이기도 하다. 왜냐하면 말을 잘하는 사람일수록 기본적으로 남의 말에 귀 기울이기보다 자신의 말을 더 많이 하게 될 확률이 높기 때문이다.

흔히 대화를 잘하려면 3:2:1 **화법**에 따르라고 한다. 무슨 뜻인가하면 3번 듣고, 2번 맞장구치고, 1번 말하라는 것인데, 그만큼 원활한 대화와 소통을 위해서는 남이 하는 말을 더 많이 들어야 한다는 의미일 것이다. 그러나 상황에 따라 다르겠지만, 개인적으로 보통 말하기와 듣기의 비중은 어느 한쪽으로 너무 치우치지 않는 것이 좋다고 본다. 물론 위로와 격려의 대화라면 듣는 것이 더 많을수록 좋을 것이다. 그런 경우에는 말하는 것이 2라면 듣는 것은 8이 되는 것이 이상적이다.

잘 가르치는 것보다 어려운 아이들과의 소통

말의 핵심은 정보의 전달이다. 인류가 말을 사용하게 된 것도 아마 정보 전달의 효율성을 높이기 위한 고육지책이었을 것이다. 언어가 존재하지 않았던 원시시대에는 여러 가지 몸짓이나 소리로 소통했을 것이다. 그러나 분명 전달하는 과정에서 무수한 오해와 실수가 난무했을 것이다. 전달력에서 언어보다 더 효과적인 수단은 없다. 그렇기 때문에 인류는 좀 더 나은 소통을 위해 우수한 소통 수단인 언어, 즉 말을 발전시켜왔을 것이다.

그런데 다양한 언어체계를 갖추고 있는 현대사회에서도 소통은 여전히 어려운 과제다. 그 이유는 소통의 상대가 변덕스럽기 그지없는 우리 인간이기 때문이 아닐까? 우리의 마음은 시시각각 변덕스럽게 변한다. 하루에도 수없이, 심지어 아주 작은 일에도 심경의 변화를 일으키는 존재가 아니던가? 우리 인간이란 본래 그리 만만히 예측할 수 있는 단순한 존재가 아니다. 따라서 그만큼 소통은 어렵고 힘든 것이 정상이다. 그렇지 않았다면 이토록 다양한 언어 기술과 전달 도구를 끊임없이 발전시켜올 이유가 전혀 없었을 테니까 말이다.

과학기술의 눈부신 발전과 함께 오늘날에는 화상통화에 SNS, 온갖 종류의 메신저 등 과거에는 상상조차 할 수 없었던 다양한 소통 방식이 존재한다. 오늘날처럼 소통과 관련한 과학기술이 비약적으로 발전한 유례가 없었다. 그러나 이러한 눈부신 기술적 지원과는 별개로 과거에 비해 훨씬 더 소통에 어려움을 겪고 있는 것이 현대사회의 모습이다. 현대인은 그 어느 때보다 외롭고, 또 서로 고립되어 있다. 단적인 예로 세대 간의 소통 단절, 민족 간의 분쟁, 성별 간의 갈등, 공동체사회에서 일어나는 무수히 많은 갈등은 우리가 직면한 소통 부재의 단면을 여실히 보여준다.

인간이란 대체로 기본적으로 자기중심적으로 사고하는 속성을 지니고 있다. 따라서 남을 배려하기보다는 자신의 입장을 가장 중시하는 경향이 강한 것 또한 사실이다. 쉽게 말해 남의 상처가 아무리 커도 내 작은 아픔에 훨씬 더 고통스러워하고 마음을 쓰는 존재라는 뜻이다. 공동체의식이 강했던 시절에는 그나마 남의 아픔을 나의 아픔처럼 받아들이는 사람들이 많았지만, 개인주의가 팽배한 현대사회에서는 그마저도 어려운 모양새다. 오히려 섣불리 고통 분담을 강요하다가는 꼰대 취급을 받기 쉽다.

이러한 분위기 속에서 예전에 비해 아이들을 가르치는 것이 점점 더 힘들어지고 있다고 호소하는 교사들이 늘어가고 있다. 특히 경력이 오랜 교사들은 입버릇처럼 "요즘 애들은 예전이랑은 또 달라. 말이 안 통해!"라며 소통의 어려움을 호소한다. 가르치는 일이 곧 소통이라면, 그만큼 예전에 비해 소통이 힘들어지고 있다는 뜻일 게다. 잘 가르치는 것이 모든 교사의 소망이라면 소통을 잘 하고자 하는 마음 또한 교사들의 한결같은 바람일 것이다. 그러나 소통은 잘 가르치는 것보다도 훨씬 더 어렵고, 또 어떤 면에서는 훨씬 더 중요한 문제이다.

좋은 관계를 만드는 것에서 소통이 시작된다

소통은 관계에 큰 영향을 받는다. 학생과의 소통 또한 마찬가지다. 그런데 세상에는 좋은 관계만 있는 것은 아니다. 그리고 좋은 관계든 나쁜 관계든 그러한 관계가 이루어진 데는 분명한 이유가 존재한다. 그렇기 때문에 어떤 아이와 관계가 잘 맺어졌다면 그 계기와 과정이 어떠했는지, 관계가 나빠졌다면 그 원인과 이유가 무엇이었는지를 알고 있어야 한다.

일반적으로 교사는 학생들과의 관계 속에서 어떤 소통이 이루어지기를 기대할까? 아이들에게 열정이 부족하다고 느끼는 교사는 열정을 키워주고 싶어 할 것이고, 아이들에게 꿈이 없는 것을 안타깝게 여기는 교사는 꿈을 심어주고 싶을 것이다.

그렇다면 교사가 바라는 소통이 이루어지려면 어떻게 해야 할까? 당연히 줄 것이 있어야 한다. 교사에게 꿈이 없는데, 어떻게 아이들에게 꿈을 주는 교사가 될 수 있겠는가? 아이들이 너무 무기력해서 힘들다고 말한다면 이는 정말 그 아이의 문제일까? 아니면 그런 아이들에 대한 나의 공포가 문제일까? 먼저 이를 정확히 구분할 필요가 있다. 만일 자신의 문제로 인한 것이라면 공연히 아이를 탓하는 일만큼은 피해야 하기 때문이다.

교사들이 자주 하는 푸념 중 하나가 "요즘 아이들은 영 놀 줄을 몰라!"라는 것이다. 그런데 이 말을 곰곰이 살펴보면 말속에 일방적인 기대가 담겨 있다는 것을 알 수 있다. 즉 아이들이 잘 놀지 못한다는 말에는 아이들이 잘 놀기를 바라는 기대가 숨겨져 있는 것이다. 그렇다면 이런 문제로 소진하는 것은 참으로 불필요한 일이다. 자신이 기대하는 실체를 이해하면 쓸데없이 화를 낼 필요도, 상처를 받을 이유도 없다. 그저 어떻게 하면 아이를 도울 수 있는지 방법을 찾아내는 데 집중하면 되기 때문이다.

지혜로운 교사가 되려면 우선 요즘 아이들이 어떤지를 이해하는 것이 순서다. 어떻게 해야 아이들에게 인정받을 수 있는지 연구해야 한다. 입버릇처럼 말하던 "옛날에는 이랬는데, 요즘 애들은 왜 이래?"라는 자기중심적인 말과는 이별을 고할 때다. 과거와는 전혀 달라진 세상을 살고 있으면서 여전히 예전에 경험했던 관계 방식에만 얽매어 현재에도 그렇게 되기를 기대한다는 것은 참으로 어리석은 일이다. 그러한 기대가 이루어질 리 만무하기 때문이다. 차라리 그보다는 요즘 아이들이 느끼고 행동하는 방식을 인정하고 바람직한 관계를 만들어가는 교사가 되는 편이 현명하지 않을까? 그래야 서로 쓸데없는 상처를 주고받지 않으면서 즐겁게 소통을 시작할 수 있을 것이다. 학교생활이 행복해지는 비밀은 의외로 간단할지도 모른다.

진심이 담긴 말 한마디의 위력

탈무드에는 "물고기는 언제나 입으로 낚인다. 인간도 역시 입으로

걸린다."라는 말이 있다. 이는 명심보감에 나오는 "입과 혀는 재앙과 근심의 문이요, 몸을 망치는 도끼다"라는 말과도 일맥상통한다. 그만큼 예로부터 동서양을 막론하고 현인들은 말을 조심해서 사용하라는 점을 강조해왔다.

우리 속담에도 있는 "말 한마디가 천 냥 빚을 갚는다."는 말도 같은 맥락이다. 말 한마디가 얼마나 큰 영향력을 가지는가를 일깨워주는 것이다. 그러니 말은 언제나 잘 선택해서 신중하게 사용해야 한다는 것은 동서고금을 막론한 진리일 것이다.

우리가 살아가는 세상에 사실 빈말이란 없다. 그냥 무심코 던진 말에 누군가는 쓰러지기도 하고, 반대로 벌떡 일어서기도 한다. "좋아요!"라는 표현이 삶에 힘을 주고, "넌 할 수 있어!"라는 말 한마디에 포기했던 삶을 다시 시작하는 예를 우리는 주변에서 어렵지 않게 찾아볼 수 있다. 우리 모두는 이미 말의 힘을 잘 알고 있다. 그럼에도 그 말 한마디를 신중하게 하지 못해 늘 후회하는 것이 우리 인간이다.

일전에 '좋은 말'이란 어떤 것인가를 놓고 주변 사람들과 토론을 벌인 적이 있다. 이때 사람들은 좋은 말의 요건으로 다음의 세 가지를 꼽았다.

첫째는 **내용**이 중요하다는 것이다. 내가 듣고 싶은 말을 제때에 정확하게 전달해주는 말이 좋은 말이라는 것이다. 말에 무엇이 담겨 있느냐가 가장 중요하다는 뜻이다.

둘째는 **상대**에게 듣기 좋아야 한다는 것이다. 제아무리 좋은 말이라도 내 귀에는 영 듣기 싫고 불편한 말이 있다. 상대의 감정을 고려하지 않고 자신의 말만 늘어놓는 사람은 가장 경계해야 할 사람이라고 했다. 이런 사람과 대화를 하다 보면 누구라도 얼른 자리를 뜨고 싶은 마음이 들 것이다.

셋째는 무엇보다 **진심**이 담겨 있어야 한다는 것이다. 보통 감동적인 말은 어디에서 나오는가를 생각해보면 쉽게 알 수 있다. 직접 경험했던 사실이나 진실이 담겨 있는 이야기에 사람들은 감동을 느낀다. 이는 말을 잘하거나 논리적이어서가 아니라 그 사람의 말에서 있는 그대로의 진심이 느껴지기 때문이다.

내가 듣기 싫은 말은 남도 듣기 싫다

논어 〈위령공편〉에 보면 공자의 가르침 중에 말과 관련한 중요한 이야기가 나온다. "말은 뜻을 전하면 그만이다."(사달이이의 "辭達而已矣") 이 말은 겉모습보다 본질이 중요하다는 것을 의미한다. 흔해 빠진 미사여구나 교언영색으로 상대를 속이려고 하지 말고, 말하고 싶은 것만 간략하게 전하면 그만이라는 말이다. 진심이 담긴 말에 기교는 필요 없다. 있는 그대로 진실을 이야기하고, 내가 전하고자 하는 진심을 표현하면 그것으로 충분한 것이다.

〈위령공편〉에는 중요한 가르침 하나가 더 있는데, 공자에게 제자 자공이 묻기를 "살아가면서 종신토록 행하여야 할 것을 한마디로 말하신다면 어떤 말입니까?"[2] 이 말에 공자가 답하기를 "그것은 내가 하고 싶지 않은 일을 남에게 하지 않는 것이다."[3]

말하는 데 있어 이보다 더 좋은 가르침이 또 있을까? 좋은 말에서 가장 중요한 것은 내가 듣기 싫은 말은 남에게도 하지 않는 것이다. 그것만 제대로 실천할 수 있어도 소통에서 야기되는 온갖 문제들이 한결 가벼워질 것이다.

---

2. 자공문왈 "子貢問曰 有一言而可以終身行之者乎"(유일언이가이종신행지자호)

3. 자왈 "其恕乎, 己所不欲 勿施於人"(기서호, 기소불욕 물시어인)

학생어를 알아야
교사어가 보인다

"외계어? 아니죠~ 급식체입니다!"

잠시 여러분에게 재미있는 문제를 내보려고 한다. 이제부터 요즘 아이들 사이에서 유행하는 몇 가지 새로운 말들을 제시할 것이다. 이 말들은 과연 무슨 뜻일까?

ㄹㅇ급식체 몰라서 포스팅 봐줘서 고마운건 ㅇㅈ?

ㅇㅇㅈ 동의? 어보감.

ㅇㄱㄹㅇ ㅂㅂㅂㄱ ㅃㅂㅋㅌ

버벌진트 버캔스탁인 부분 팩트 체크 들어가면

샘오취리도 놀라서 에취하구요.

충격실화 감동실화 리얼스토리인부분 ㅇㅈ?

ㅇㅇㅈ 대박중박소박 명박이도 인정하는 부분이구요.

인정 안해서 후회한다면

후회할 시간을 후회하는 각이구요.

오져따리오져따 지려따리 지려따

쿵쿵따리쿵쿵따 산기슭이 인정하는 바이구요.

슭곰발이 인정하는 바입니다.

십대들의 새로운 언어, 급식체

제시된 문장을 읽고 반 정도라도 이해했다면 요즘 아이들과 어느
정도 소통이 가능할 것이다. 아마 한 번쯤은 들어보았겠지만, 이
것들은 요즘 학생들 사이에서 유행하는 언어인 소위 **급식체**이다.
해석하면 이렇다. "진짜 급식체 몰라서 글 올린 것 봐줘서 고마운
것 인정하고 동의한다." '어보감'은 동의보감에서 따온 말로 급식
체 동의보감이란 뜻이란다. 자음만으로 이루어진 'ㅇㄱㄹㅇ', 'ㅂ
ㅂㅂㄱ', 'ㅃㅂㅋㅌ'은 순서대로 뜻풀이를 하면 '이거레알', '반박불
가', '빼박캔트'로 '레알'은 진짜라는 뜻의 'real'을 소리 나는 대로
본뜬 것이고, '빼박캔트'는 빼도 박도 못한다의 '빼박'과 할 수 없다
는 영어의 'CAN'T'를 붙인 단어다. '버벌진트 버캔스탁인 부분 팩
트 체크' 이후는 재미로 사용하는 힙합의 라임에 해당한다.

'급식체'는 학교에서 급식을 먹는 10대들이 쓰는 언어라는 뜻으
로 그들만의 신조어다. 국어학자들을 기함시키고, 거의 매일 학생
들과 붙어 있는 교사들조차 100% 이해하기는 어려운 이 정체불
명의 언어가 아이들 사이에서는 아무렇지 않게 통용된다. 어른들

이 보기에는 괴이하기 짝이 없지만, 10대들에게는 이미 자연스러운 언어가 된 것이다. 서로 간에 다른 말을 사용하게 되면 이는 대화의 단절로 이어지기 쉽다. 그래서인지 요즘 열린 소통의 자세를 보여주려는 의미로 일부러 급식체를 사용하는 어른들이 늘고 있다고 한다. 최근에는 방송에서 출연자들이 '가즈아~'와 같은 급식체를 사용하자, 이 말이 단박에 유행어가 되기도 했다.

이런 신조어와 유행어들은 재미도 있지만, 메신저나 채팅을 자주 쓰는 시대에 긴 문장을 짧게 줄여 의사전달을 할 수 있다는 신속성, 편리성의 특징을 가진다. 여기에 더해 또래집단끼리 그들만의 **동질감**과 **친밀감**을 갖게 하는 효과도 있다. 더군다나 현대사회에서 방송, SNS나 인터넷 댓글은 이러한 신조어나 은어를 신속하게 유통하는 통로로써 작용하기 때문에 그 파급효과는 실로 어마어마하다.

말, 자신이 어떤 존재인지 드러내는 수단이 되다

말은 그 말을 사용하는 사람의 정체성을 표현해준다. "이러한 신조어나 은어는 기성세대와 차별화된 존재로서 자신의 정체성을 드러내기 위한 시도이다."라고 한 경인교육대학교 정혜승 교수의 말처럼 '급식체'는 자신의 존재를 드러내기 위한 자연스러운 문화현상으로 해석할 수도 있을 것이다. 그리고 이는 비단 청소년에게

만 나타내는 것이 아니라 자신의 고유성을 드러내고자 하는 집단에서 흔히 발견되고 있다.

예컨대 '넵'과 같이 회사원들이 주로 사용한다는 '급여체'가 있는가 하면, '다나까'로 대표되는 군인들만의 언어가 있고, 다른 전문가집단에서도 나름의 차별화된 언어를 사용하는 것이 일반적이다. 따라서 학생들이 자신들의 언어를 사용하는 것 또한 무조건 비난하기보다는 이해하려는 마음이 필요하다.

그런데 우리 학생들이 사용하는 언어는 단지 '급식체'만을 가리키는 것이 아니다. 비속어, 은어, 유행어, 신조어, 줄임말 등을 다 포함해서 청소년 언어로 통칭하고 있다. 최근 조사를 보면 일상생활에서 중고생의 96%가 대화 중에 비속어를 사용하고, 그 빈도는 평균 1분에 한 번꼴이라고 한다. 다시 말해 욕설이 빠지면 대화 자체가 매끄럽게 이어지지 않는다는 뜻이다. 심지어 '욕 배틀'이라는 게임을 하면서 누가 얼마나 많이, 얼마나 더 센 욕을 하는지를 따지기도 한단다. 놀라운 것은 대부분의 청소년들이 욕설의 의미를 정확히 모른 채 습관적으로 쓰고 있다는 사실이다.[4]

'비속어'에서 '비어'는 욕이고, '속어'는 품위가 낮은 말을 의미한다. 그렇기 때문에 비어와 속어 모두 친구와 같은 동류집단 내에서는 자연스럽게 쓸 수 있지만, 웃어른들이나 선생님 앞에서 내뱉기에는 망설여지는 말이다. 그런데 우리나라에서는 춘향전이나

---

4. 안창호, 〈청소년들의 언어습관, 소통유감〉, 《월간개벽》, 2015년 3월호 참고

마당극 등 고전에서 비속어가 자주 등장하고, 정조대왕도 편지글에서 '호로자식'이라는 말을 사용한 것으로 보아 비속어 사용이 아주 금기는 아니었던 것 같다.

우리말 오염인가, 새로운 문화코드인가?

비속어의 긍정적 효과라면 동질감과 친밀감을 높인다는 것이다. 친구들과 같은 말을 사용하면 같은 무리에 속해 있다는 동류의식을 높이고 친하게 지내는 데도 유리하다. 만약 비속어를 쓰는 아이들 무리에 고상한 표현만을 고집하는 아이가 있다면 무슨 외계인처럼 다른 존재로 취급받으며 소외되기 쉬울 것이다.

그 외에도 말하는 사람의 감정이나 생각을 잘 드러내서 대화의 내용을 강조하는 효과도 있다. 특히 남을 비난할 때에는 품위가 떨어지는 비속어를 쓸수록 비난의 강도가 더 거세진다. 또한 심한 욕을 사용하는 친구를 보면 어쩐지 만만히 볼 수 없는 센 아이로 여겨져서 쉽게 무시당하지 않는다고 생각하는 것도 비속어를 쓰는 이유 중의 하나라고 본다.

때때로 비속어와 은어를 적절히 사용하면 분위기를 좋게 만들기도 한다. 마치 말에 MSG 같은 양념을 치는 느낌이랄까? 욕쟁이 할머니가 운영하는 식당이 인기를 끄는 것도 이러한 이유 때문이다.[5] 이런 의미에서 어떤 사람은 비속어나 은어가 우리말을 오염시키는 것이 아니라 새로운 문화코드라고 해석하는 경우도 있다.

그럼에도 불구하고 나는 개인적으로 청소년들이 일상적으로 비속어를 사용하는 것은 바람직하지 않다고 본다. 왜냐하면 청소년기는 언어습관을 형성하는 시기이며, 새로운 사고를 발전시키는 시기이기 때문이다. 자주 사용하는 말은 어느새 입에 붙기 마련이다. 비속어도 마찬가지다. 자주 사용하다 보면 그것이 입에 붙어 비속어를 사용하는 **언어습관**이 굳어버릴 수 있다. 우리나라 청소년 대부분이 욕을 빼면 대화를 이어가기 어렵다는 말은 비속어 사용이 이미 습관화되었다는 것을 의미한다. 중요한 자리에서 자신도 모르게 비속어가 튀어나오면 얼마나 민망하겠는가?

말은 인격이자, 삶이다

여러분은 말이 우리의 사고에 영향을 미친다는 사실은 잘 알고 있을 것이다. 말은 그 말을 사용하는 사람의 행동뿐만 아니라 그 사람 자체를 평가하는 하나의 척도가 되기도 한다. 따라서 무분별한 비속어의 사용은 사고의 형성이나 정서에 좋지 않은 영향을 줄 것이 불을 보듯 뻔하다. 아울러 그 사람의 부정적인 인격을 형성하

---

5. 연규동, 《말한다는 것》, 너머학교, 2016 내용 참조

는 데 어쩌면 결정적인 영향을 미칠 수 있다.

십년이면 강산이 변한다는 것도 옛말이고, 요즘은 1년 차이로도 세대차이를 느낀다고 한다. 하물며 교사와 학생 사이는 오죽할까? 어린 학생들이 사용하는 말과 교사가 사용하는 언어가 같을 순 없을 것이다. 또한 학생들이 학교생활을 하며 자기들만의 언어로 표현하려는 것을 무작정 나무랄 수도 없는 노릇이다. 아이들이 그들만의 문화를 가지고 이를 드러내려고 하는 것은 자연스러운 일이기 때문이다. 그렇지만 우리 청소년들에게 우리말이 가지고 있는 고유한 언어예절을 지키며 바른 말을 사용하도록 가르치는 것 또한 교사의 자연스러운 일이라고 할 것이다.

특히 욕을 사용하지 않으면 의사소통이 어려울 정도로 비속어를 남발하는 것에 대해서는 반드시 문제의식을 가져야 한다. 이에 우리 교사들은 학생들이 사용하는 언어에 대해 항상 관심을 기울이고 이해함과 동시에 비어와 속어의 의미를 제대로 알고 사용하도록 가르쳐야 할 것이다. 또 이왕이면 다른 말로 바꾸어 사용하는 습관을 갖도록 지도할 수 있다면 더 좋을 것이다. 사용하는 말이 앞으로 우리 아이들의 삶을 규정할 수도 있기 때문이다.

아이가 원하는 바를 파악하고
있는 그대로 인정하라

"선생님은 내 맘도 모르면서…"

언젠가 친구를 따라서 낚시를 간 적이 있다. 나는 개인적으로 커피를 참 좋아하지만, 그렇다고 해서 낚시를 할 때 커피 열매를 미끼로 쓰지는 않는다. 물고기가 커피를 좋아할 리 없기 때문이다. 낚시를 할 때는 물고기가 원하는 것을 생각해서 지렁이나 벌레를 미끼로 써야 한다. 또한 물고기도 종류에 따라 좋아하는 것이 다를 뿐만 아니라, 같은 물고기라도 장소 혹은 계절에 따라서 미끼가 달라져야 한다고 한다.

그렇다. 낚시꾼이 낚시할 때 물고기가 좋아하는 게 무엇인지 먼저 생각하는 건 상식이다. 그런데 우리는 인간관계에서 어떠한가? 우리가 다른 사람을 대할 때도 이와 같은 상식적인 생각을 할까? 유감스럽게도 그렇지 않은 것 같다. 대부분의 사람들은 자신이 원하는 것만 생각할 뿐 다른 사람이 무엇을 원하는지에 대해서는 크게 관심을 기울이지 않는다. 모두가 각자 자기가 원하는 것에만 관심을 기울이는 것이 인지상정이다.

상대가 원하는 것과 내가 원하는 것은 다르다

학교에서 흡연하는 학생을 발견했다고 하자. 당연히 교사로서 그냥 지나칠 수 없을 것이다. 학생들이 흡연하는 것을 멈추게 하고 싶다면 어떻게 해야 할까? 일장 설교를 늘어놓거나 담배를 피우면 백해무익하다고 따끔하게 타일러주면 될까? 경험해봤겠지만 소용없는 일이다. 왜냐하면 그건 교사 입장에서 본 담배의 유해성을 말한 것이기 때문이다. 차라리 학생이 축구를 좋아한다면 그의 입장에서 담배를 피우면 폐활량이 크게 떨어져 축구 선수가 될 수 없고 원하는 대학에도 갈 수 없다는 사실을 말해주는 편이 훨씬 더 현명한 방법이다.

이는 학생들을 대할 때뿐만 아니라 송아지를 대할 때도 마찬가지다. 한 초보 농사꾼과 아들이 송아지 한 마리를 우리에 몰아넣으려 했다고 한다. 그들은 보통 사람들처럼 오직 자신들이 원하는 것만 생각하는 실수를 범하고 있었다. 아버지가 당기고 아들은 밀면서 억지로 송아지를 우리로 몰아넣고 있었던 것이다. 그렇지만 송아지도 바라는 게 있었다. 배가 고팠던 송아지는 목초지를 떠나고 싶지 않았기 때문에 아무리 부자가 힘을 주어 밀고 당겨도 다리에 힘을 주며 버티는 중이었다. 그러던 중 지나가던 한 농부의 아내가 이 모습을 보고 다가왔다. 그녀는 송아지가 원하는 것을 잘 알고 있었다. 배고픈 송아지의 입에 손가락을 넣어 빨게 한 다음 천천히 송아지를 유인해서 우리로 들어오게 한 것이다.

우리 모두는 태어나면서부터 늘 자신이 원하는 것을 찾아 움직이는 데 익숙해져 있다. 말로는 상대를 위한 것이라고 하지만, 자세히 들여다보면 결국 대부분은 자신이 원하고 있는 게 우선순위에 있다. 저명한 심리학자 오버스트리트는 《인간행동에 영향을 주는 법》이란 책에서 다음과 같이 말했다.

> 행동은 근본적으로 욕망에서 나온다. 그래서 기업, 가정, 학교, 정치계에서 사람을 설득하고자 하는 이에게 줄 수 있는 최대의 조언은 우선 상대에게 간절히 원하는 마음을 불러일으키라는 것이다. 이 일을 해내면 온 세상이 자신의 편이 될 것이고, 해내지 못하는 사람은 외로운 길을 걷게 된다.[6]

잠시만 여유를 갖고 상대를 살펴라

카네기철강회사의 설립자이자, 이후 교육과 문화사업에 헌신한 것으로 알려진 앤드류 카네기는 한 시간에 겨우 2센트의 수당을 받는 일에서 시작했다고 한다. 그런데 그런 그가 어떻게 3억 6,500만 달러의 엄청난 유산을 남긴 거부가 된 걸까? 그는 일찌감치 사람들에게 영향을 끼치는 유일한 방법이란 상대가 원하는 것

---

6. 데일 카네기, 《카네기 인간관계론》, 씨앗을뿌리는사람, 2004, p.66

을 말해주는 것이라는 걸 깨달았다고 한다. 정규교육이라고는 초등학교 문턱만 겨우 넘었을 뿐이지만, 그는 일찍이 사람을 대하는 법을 꿰뚫고 있었던 것이다.

그에 관련된 일화를 하나 소개하려고 한다. 한 번은 카네기의 처제가 두 아들 때문에 속상해했다. 두 아들 모두 예일대에 입학했는데, 너무 바쁜 건지 집에는 편지도 한 장 쓰지 않고, 엄마가 간절히 보낸 편지마저 거들떠보지 않고 있다며 푸념했다.

이 말을 듣고 카네기는 100달러를 걸고, 답장을 보내라는 말도 쓰지 않은 채 이들의 답장을 받아내겠노라고 장담했다. 누군가 그가 제안한 내기에 응했다. 그러자 카네기는 조카에게 허물없는 안부 편지를 적은 다음 마지막 추신에 대수롭지 않은 듯 5달러짜리 지폐 2장을 동봉한다고 적었다. 그러나 정작 편지에는 그 돈을 동봉하지 않았다. 그러자 당장에 '사랑하는 앤드류 삼촌에게'로 시작하는 감사의 답장이 날아왔다. 그 편지의 마지막 문장은 모두가 짐작하는 대로였다.[7]

또 다른 설득의 예는 유치원에 가기 싫어하는 한 꼬마에 관한 이야기인데 우리에게도 도움이 될 것 같아 소개한다. 어느 날 노씨가 퇴근해서 집에 와보니 막내아들이 거실에서 발을 구르며 고래고래 소리를 지르고 있었다. 무슨 큰일인가 싶어 사정을 들어보니 막내가 자기는 유치원에 가지 않겠다며 고집을 부리는 참이었

---

7. 데일 카네기, 《카네기 인간관계론》 67쪽엔 이렇게 쓰여 있었다. "삼촌, 5달러 지폐가 동봉되어 있다고 했는데 어떻게 된 거죠?"

다. 예전의 우리 아버지라면 당장 아이를 방으로 쫓아내면서 유치원에 안 가면 혼날 줄 알라며 으름장을 놓았을 것이다. 그러나 노씨의 선택은 달랐다. 협박이나 으름장으로 아들을 유치원에 보낸다고 해도 좋은 마음으로 유치원 생활을 시작하는 데 별 도움이 되지 않을 거라는 생각이 들었기 때문이다. 그래서 노씨는 자리에 앉아서 곰곰이 생각했다. '내가 막내라면 신나게 유치원에 가고 싶어할 이유가 무엇일까?'

노씨와 아내는 막내가 유치원에서 할 수 있는 온갖 재미있는 일들의 목록을 만들었다. 그런 다음에 목록에 있는 내용 중 손가락 그림 그리기, 노래 부르기, 새 친구 사귀기 등을 실행에 옮겼다.

> 우리는 부엌 식탁에서 손가락 그림을 그리기 시작했습니다. 아내와 큰 아들과 저는 모두 재미있게 그림을 그렸죠. 곧 막내아들이 구석에서 우리를 엿보고 있다가 자기도 시켜달라고 사정을 하더군요. "오, 안 돼! 손가락 그림 그리기를 하려면 일단 유치원에 가서 그리는 법을 배워야 하거든." 저는 신중하게 막내가 이해할 수 있는 용어로 아내와 만든 목록을 모두 읽어주었습니다. 유치원에 가서 할 수 있는 온갖 재미있는 일들을 이야기 해주었지요. 다음 날 아침, 제일 먼저 일어났다고 생각한 저는 아래층으로 내려갔다가 깜짝 놀랐죠. 막내아들이 거실 소파에서 잠을 자고 있었으니까요. "너 여기에서 뭐하고 있니?" 제가 묻자 막내아들이 대답했습니다. "유치원에 가려고 기다리고 있는 중이에요, 지각하고 싶지 않아서요." 온 가족의 열성이 막내에게 하고자 하는 마음을 불러일으켰던 것입니다. 그 어떤 협박이나 잔소리로도 이룰 수 없는 일이었습니다.

상대를 꼭 설득해야 한다면 생기면 무작정 자신이 원하는 바를 말하기 전에 잠시 여유를 가지고 상대가 원하는 것을 생각해보아야한다. 별것 아닌 것 같지만, 그것만으로도 최소한 상황을 악화시키는 일만은 피할 수 있다. 성급한 마음만 앞서 엉뚱한 말이 튀어나오는 바람에 상황을 전혀 원하지 않는 방향으로 악화시키는 그런 어처구니없는 일들 말이다.

이해할 수 없는 행동 속에는 반드시 이유가 존재한다

상대의 입장에서 상대가 원하는 것을 왜 생각해봐야 하는지 알게해준 이야기를 하나 더 해보려 한다. 직원 중에 아들 때문에 걱정이 많은 사람이 있었다. 아이가 체중 미달인데 밥을 잘 먹지 않아서 고민하고 있었다. 이 직원 역시 보통의 부모들이 쓰는 방법에서 벗어나지 못하고 있었다. 즉 어르고 달래고, 혼내고, 매일 똑같은 잔소리로 아이를 괴롭혔던 것이다.

  "엄마는 네가 이것저것 골고루 먹었으면 좋겠다."
  "아빠는 네가 난쟁이가 될까 봐 걱정이란다."

과연 아이가 이런 하소연에 주의를 기울였을까? 물론 아니다. 오히려 청개구리 심보가 발동해서 먹는 것을 더 거부하지나 않으면 다행이다.[8] 상식적으로 세 살배기 아이가 서른 살 아빠의 관점에서 반응하기를 기대해서는 안 된다. 결국 아이의 아빠는 이러한 사실을 깨닫고 스스로 자문해보기 시작했다.

'얘가 원하는 건 뭘까? 내가 원하는 것과 아이가 원하는 것을 어떻게 하면 결합시킬 수 있을까?'

일단 그렇게 생각하기 시작하자 문제는 너무 간단해졌다. 아이는 평소 세 발 자전거 타기를 좋아했는데, 요즘 들어 집 앞에서 자전거를 타기 시작했다. 그런데 그 길 주변에는 꼬마들을 괴롭히는 못된 아이 몇 명이 늘 모여 있었다. 꼬마들의 자전거를 빼앗아서 타는 덩치가 조금 큰 아이들이었다. 그런 일이 있을 때마다 아이는 엉엉 울면서 엄마에게 달려왔고, 엄마는 밖으로 나와 그 못된 아이들에게서 다시 자전거를 빼앗아주곤 했다.

그럼 이 아이는 무엇을 원할까? 셜록 홈스와 같은 명탐정이 아니어도 쉽게 알아낼 수 있는 문제다. 아이의 자존심, 분노 그리고 인정받고자 하는 열망, 이 모든 감정이 강렬하게 작용할 수 있는 바람은 무엇일까? 그렇다. 아이는 진심으로 그 못된 아이들의 코를 납작하게 만들어주고 싶었다. 그래서 아빠와 엄마가 먹으라고 하는 것을 먹으면 언젠가 덩치 큰 아이들도 만만히 볼 수 없을 만

---

8. 양가적 감정 상태에서의 강요나 호소는 오히려 반대쪽 행동을 더 부추기는 결과를 가져온다.

큼 쑥쑥 클 수 있다고 설명해주었다. 그러자 아이의 영양 섭취에 관한 문제는 금방 해결되었다. 아이는 생선은 물론 시금치, 양배추까지 모두 먹어 치웠다. 자신의 자존심을 상하게 했던 그 못된 아이들에게 하루빨리 당당히 맞서기 위해서였다.

밥 문제를 해결한 그 부모는 이번에는 또 다른 문제해결에 착수했다. 아이는 잠자리에서 오줌을 지리는 고약한 버릇이 있었던 것이다. 마찬가지로 아이가 원하는 것이 무엇인지를 먼저 알아본 결과 아이는 아빠와 같은 파자마를 입고 침대에서 자고 싶어 했다. 부모는 파자마를 사주고, 아이가 원하는 침대도 함께 보러 갔다. 아이는 자기 맘에 드는 침대를 골랐다. 침대가 배달되자 아이는 뛸 듯이 기뻐했다. 그리고 아빠와 오줌을 싸지 않기로 약속했다. 놀랍게도 아이는 약속을 지켰다. 아이는 진심으로 어른처럼 행동하고 싶었던 것이다.

결국 누군가의 행동을 움직이려면 그 사람의 **마음**을 움직이는 길 뿐이다. 이를 위해서는 다른 사람의 마음속에 강렬히 원하는 것이 무엇인지 파악하고 그대로 실행해야 한다. 그것이 가능하다면 세상은 자신의 편이 될 것이다.

놀러가서 찍은 단체사진을 볼 때, 가장 먼저 눈에 들어온 사람이 누구였는지 한 번 생각해보라. 아마도 자신의 얼굴일 것이다. 사람들은 원래 다른 사람에게 관심을 두지 않는다. 관심이 있는 건 그저 자신들뿐이다. 아침, 점심, 저녁 머릿속에는 온통 자기 자신만 들어 있을 뿐 남들에게는 별 관심이 없다. 그런데도 남이 자기 뜻에 맞춰 어떻게 해주기를 바라는 게 인간의 마음이다. 하지만 내가 원하는 것에 관심을 가져달라고 하는 노력만으론 결코 다른 사람의 마음을 얻을 수 없다. 유명한 심리학자 알프레드 아들러는 그의 책 《인생의 의미》에서 이렇게 말했다.

> 주변 사람들에게 관심을 갖지 않는 사람은 살아가면서 많은 어려움을 겪고 다른 사람들에게 큰 상처만 준다. 인류의 모든 실패는 바로 그런 사람들이 저지른 것이다.[9]

내가 만약 너라면…

유명한 잡지사의 어느 편집자는 소설의 몇 문장만 읽어도 그 작가가 사람을 좋아하는지 아닌지를 금세 알 수 있다고 했다. 작가가 사람을 좋아하지 않으면 사람들도 그 이야기를 좋아하지 않을 것이다. 이 말은 비단 소설을 쓰는 사람에게만 해당하는 말은 아닐 것이다. 어쩌면 매일 아이들과 얼굴을 맞대고 씨름해야 하는 교사에게 더욱 절실하게 다가오는 말일지도 모른다.

아이들은 가끔 교사의 입장에서는 도저히 이해할 수 없는 행동을 하곤 한다. 그러한 행동이 내 마음과 다르다고 하여 무조건 나

---

9. 데일 카네기, 《카네기 인간관계론》, 씨앗을뿌리는사람, 2004, p.93

무라기보다는 한 발 물러서 숨겨진 이유를 생각해보면 어떨까? 이유를 찾아내면 행동을 이해할 수 있고, 나아가 속마음까지도 파악할 수 있다. 역지사지(易地思之)라는 말도 있지 않은가? 우리에게 필요한 것이 바로 역지사지의 자세이다. 즉 '내가 저 사람이라면 어떻게 생각할까?'를 늘 염두에 두어야 한다. 그러면 스트레스를 크게 줄이면서 문제해결의 열쇠도 금세 찾을 수 있다.

조금만 생각해봐도 우리가 자신의 일에는 엄청난 관심을 쏟으면서 다른 사람의 일은 가볍게 생각한다는 사실을 쉽게 깨달을 수 있다. 거의 모두가 예외 없이 그렇다는 것도 알게 될 것이다. 그렇다면 이제 우리는 한 가지 진리를 깨닫게 된 셈이다. 그건 바로 문제를 해결하고 싶다면 상대의 관점에서 바라봐야 한다는 것이다. 그래야 비로소 해결의 실마리도 발견할 수 있다.

한 번은 아내와 밥상을 치우는 문제로 말다툼을 한 적이 있다. 아내는 밥을 맛있게 먹고 흡족해하는 나에게 밥상을 치우지 않는다며 잔소리를 했다. 나는 이해가 되지 않았다. 기껏 밥을 잘 먹여놓은 마당에 꼭 잔소리를 해서 남의 기분을 망쳐야 하나? 잔소리에 체해 먹은 밥이 소화가 안 될 지경인데, 잘 차린 밥상이 무슨 소용이람? 생각이 여기에 미치자 기분이 언짢아진 나머지 "그럴 거면 다음부턴 아예 밥상을 차리지 말라!"고 버럭 화를 내고 말았다. 그런데 곰곰이 생각해보니 아내의 입장도 이해가 되었다. 하루 종일 일하고 돌아와서 정성껏 밥상까지 차리느라고 무척 힘들었을 것이다. 아내의 입장에서는 잘 먹었으면 밥상이라도 치워줘야 예의라고 생각하는 게 당연했다.

그 뒤로 나는 아내의 일을 돕기 시작했다. 비록 솜씨가 없어 요리를 직접 하지는 않지만, 재료를 손질하는 것을 돕고 밥상도 함께 차린다. 물론 잘 먹고 나면 치우는 것도, 설거지도 함께한다. 그러면서 아내에게 매일 맛있는 밥을 해주어서 고맙다고 칭찬을 건넸다. 아내는 처음에는 웬일이냐는 듯 당황하고 낯설어했지만, 그럼에도 못내 좋은 기분을 감추지 못했다. 여기에 당신이 해주는 집밥이 최고라는 말도 잊지 않았다. 그 결과 밥 먹는 시간이 훨씬 즐거워졌다. 부부 간의 대화도 더 많아졌고, 이전보다 훨씬 더 행복한 부부로 지내고 있다.

《유쾌한 소통의 법칙 67》의 저자 김창옥은 "소통은 그들과 같은 마음으로 그들의 언어로 해야 한다"며 다음과 같은 예를 들었다.

> 100년 전 외국의 선교사들은 우리나라를 찾았을 때, 그들은 우리 민족과 소통하기 위해 상투를 틀고 한복을 입었다고 한다. 한국 이름을 쓰고, 젓가락 쓰는 법을 배웠다. 소통의 옷을 입은 것이다.

구구절절 이야기가 길어졌지만, 핵심은 간단하다. 상대에게 원하는 것이 있을 때는 먼저 상대의 입장에서 그가 원하는 바가 무엇인지 생각해보는 게 당연한 순서다. 그것이 선행될 때 상대 또한 마음을 열기 시작할 것이다. 상대의 마음이 열려야 내 생각도 왜곡 없이 올바로 전달할 수 있다.

인정, 상대를 변화시키는 마법의 말

서양 옛말에 이런 말이 있다고 한다. "못된 개라고 말하는 건 그 개의 목을 매다는 것이나 마찬가지다." 그렇다면 반대로 좋은 개라고 말하면 어떻게 될까? 데일 카네기는 《카네기 인간관계론》에서 다음과 같은 이야기를 들려준다.

뉴욕주의 브루클린에서 4학년 담임을 맡게 된 루스 홉킨스 선생님은 새 학기가 시작된 첫 날 학생 출석부를 보고 있었다. 그런데 새로운 학기를 시작한다는 기대감과 기쁨은 어느새 불안감으로 변해가고 있었다. 학교에서 '악동'으로 소문난 타미를 맡게 된 것이다. 타미의 3학년 담임선생님은 동료들에게 늘 타미에 대한 불평을 말했고, 교장선생님과 다른 선생님들도 그 이야기를 다 듣고 있었다. 타미는 그냥 장난꾸러기가 아니었다. 수업시간에 심각한 수준으로 문제를 일으켜서 엄하게 훈육해야 했고, 걸핏하면 친구들과 싸웠으며, 여자아이들을 놀리고, 선생님에게는 대들기까지 했다. 시간이 지날수록 타미의 문제는 점점 더 심각해지는 것 같았다. 그나마 타미가 학교에서 지낼 수 있었던 건 학습 내용을 빨리 이해하고 공부도 쉽게 해낸다는 점 때문이었다.

홉킨스 선생님은 새로 만난 학생들과 한 명씩 인사를 나누면서 한마디씩을 건넸다.

"로즈, 오늘 입은 옷이 정말 예쁘구나."

"엘리샤, 그림을 참 예쁘게 그린다는 이야기를 들었다."

그리고 타미의 차례가 되자 홉킨스 선생님은 타미의 두 눈을 똑바로 쳐

다보면서 말했다.

"타미, 너는 타고난 지도자 타입이라고 들었다. 앞으로 우리 반이 4학년 중에서 제일 으뜸이 되는 데 네 도움이 많이 필요할 것 같구나. 잘 부탁한다."

처음 며칠 동안은 이 말을 강조하면서 타미가 하는 모든 일을 칭찬해주고, 타미가 얼마나 **훌륭한** 학생인지 이것만 봐도 알 수 있다고 거듭 말해주었다. 그렇게 좋은 말을 해주면서 기대를 해주니 아홉 살 난 아이라고 해도 그런 선생님을 실망시킬 수는 없는 노릇이었다. 정말 타미는 선생님을 실망시키지 않았다.

이 이야기는 누군가에게 **인정**을 받음으로써 얼마나 긍정적인 변화가 일어날 수 있는지를 잘 보여준다. 방금 전 상대의 입장에서 생각해서 상대가 원하는 것을 파악해야 한다고 말했다. 상대가 무엇을 원할까? 물론 여러 가지가 있겠지만, 교실에서 '인정'만큼 위력을 발휘하는 것도 없을 것이다.

인정은 우리 인간이 가진 기본적인 욕구 중 하나이다. 그런데 이 인정 욕구에는 세 가지 특징이 있다. 첫째는 오직 다른 사람만이 채워줄 수 있다는 점이다. 다른 욕구는 얼마든지 스스로 채울 수 있지만 인정 욕구만은 자기 스스로 채울 수 없다. 오직 상대를 통해서만 충족될 수 있기 때문에 사람들이 인정에 그토록 목말라 하는지도 모른다.

둘째는 비용이 들지 않는다는 점이다. 인정은 마르지 않는 샘과 같아서 많이 쓸수록 마르기는커녕 더욱 풍부해진다. 또 많이 사용하면 할수록 인간관계도 좋아지고 행복해진다. 그런데도 우리나라 사람들은 유독 남을 인정하는 것에는 인색한 편이다. 나는 그 이유가 궁금할 따름이다.

셋째는 상호성을 갖는다는 점이다. 아무리 뛰어난 사람이라도 나를 인정하지 않으면 나도 그 사람을 인정하지 않는다. 그 사람의 장점보다는 단점부터 찾게 된다는 뜻이다. 인정만큼 상호성이 적용되는 원칙도 없다. 그래서 자신이 인정받고 싶다면 상대를 먼저 인정해주어야 하는 것이다.

인정받기를 원한다면 먼저 상대를 인정하라

인정의 힘과 관련해서 국내 유명인사에 얽힌 재미있는 일화 하나를 소개하려 한다. 2019년 칸 영화제 황금종려상 수상으로 더욱 유명세를 떨친 봉준호 감독과 가장 잘 어울리는 배우로 많은 영화 팬들은 송강호를 꼽는다. 그런데 봉준호 감독과 송강호 사이에는 숨은 일화가 있다고 한다.

봉준호 감독이 첫 영화에 실패하고 두 번째 영화를 준비할 때였다. 그는 자신의 두 번째 영화에 배우 송강호를 꼭 캐스팅하고 싶었지만, 도저히 자신이 없었다고 한다. 첫 영화에 실패한 초보감독인 자신에 비해 배우 송강호는 너무 잘 나가고 있었기 때문이다. '과연 내가 이 배우를 섭외할 수 있을까? 그래, 대본을 보내놓았으니 어디 전화라도 한번 해보자.' 그는 떨리는 마음으로 송강호에게 전화를 걸었다.

> "송강호 씨, 시나리오를 보낸 감독입니다. 혹시 읽어보셨나요?"
> "네, 출연하겠습니다. 난 이미 5년 전에 당신 영화에 출연하기로 결정했으니까요."

내막은 이렇다. 배우 송강호는 5년 전 무명시절에 오디션을 하나 보게 되었다. 하지만 오디션 관계자들은 그를 탐탁지 않게 여겼고, 그는 힘없이 집으로 돌아와야만 했다. 무거운 발걸음으로 집에 돌아온 그를 기다리고 있던 것은 전화기에 녹음된 어떤 정중한 메시지 하나였다.

> "안녕하세요. 오디션 봤던 영화 조감독입니다. 좋은 연기 정말 감명 깊게 봤습니다. 하지만 이번에는 맞는 배역이 없어서 같이 작업을 못할 것 같습니다. 정말 죄송합니다. 언젠가는 꼭 좋은 기회에 다시 뵙고 싶습니다."

봉준호 감독이 남긴 이 메시지에 송강호는 큰 감동을 받았다고 한다. 당시만 해도 송강호는 별 볼일 없는 배우였다. 영화계에서는 별 볼 일 없는 사람은 가차없이 내치는 것이 관례였다. 하지만 봉준호는 그를 함부로 대하지 않았고, 오히려 그의 연기를 인정해 준 것이다. 이에 송강호도 그것을 잊지 않고 5년 뒤 자신을 인정해 준 봉준호 감독의 영화에 선뜻 출연하게 된다.[10] 그리하여 우리 영화사에 길이 남을 명작 〈살인의 추억〉이 탄생했다고 한다. 이후로도 둘의 인연은 계속되었고, 마침내 영화 《기생충》으로 칸 영화제 황금종려상의 수상이라는 영광까지 함께하게 된 것이다.

《맹자》에는 이런 말이 있다.

"그대에게서 나온 것은 그대에게로 다시 돌아간다."

누구든지 인정받기를 원한다면 먼저 상대를 인정하고 칭찬하라. 그러면 언젠가는 당신이 인정받게 될 것이다.

---

10. 〈MBC 스페셜〉, 감독 봉준호 편 참조

누구나 말로부터
자유로운 교실

"네 말도 맞고, 네 말도 맞다!"

인간에게 언어란 어떤 의미인가? 언어를 사용한다는 그 자체만으로도 호모 사피엔스는 다른 동물들과 크게 차별화된다. 그리고 언어는 인간 존재를 규정하기도 한다. 우리 인간은 언어를 창조하고, 그 언어를 통해 자신의 생각을 표현해왔다. 자신의 생각을 언어로 자유롭게 표현한다는 것 자체로 우리는 스스로 어떤 인간인지를 보여줄 수 있다.

인간이 대체 언제부터 언어를 사용했는지 그 정확한 시기를 알 순 없지만, 기원은 대략 10만 년 전에서 5만 년 전으로 추정된다. 말의 기원에는 여러 가지 학설이 있기는 하다. 그러나 내가 알고 있는 바로는 인간 진화론에 기초하여 어느 순간에 효율적인 의사소통 수단으로써 언어체계가 만들어졌다는 것이다. 어찌되었든 간에 현재 인간은 언어 덕분에 지구상의 그 어떤 생물체도 감히 꿈꾸지 못한 빛나는 문명의 발전을 이룩하였고, 여전히 지구의 주인으로서 군림하고 있다.

말속에 담긴 우리 인간의 존재

나는 촘스키가 주장하였고, 하버드대학교의 스티븐 핑거를 비롯한 수많은 학자들이 지지한, "언어는 사회문화적 현상이 아니라 인간의 내재된 본능"이라는 주장에 어느 정도 공감한다. 동물 중에도 인간의 성대와 비슷해 인간의 말을 곧잘 흉내 낼 수 있는 동물이 있지만, 그들은 결코 인간처럼 스스로 판단하면서 말하지 못한다. 그렇게 볼 때 인간만이 언어 본능, 즉 말을 하고자 하는 유전자를 가진 채 태어난다는 주장은 매우 타당해 보인다. 물론 언어 본능이 있다고 해서 저절로 말을 하게 되는 것은 아니다. 말은 학습을 통해 습득되고 강화되는 것이기 때문이다.

이처럼 언어는 인간의 **존재적 특성**이라고 할 수 있다. 그러나 우리가 사용하는 언어는 단지 의사소통의 수단만을 의미하지 않는다. 하이데거의 말처럼 언어는 인간 '존재의 집'이다. 우리는 언어로 사고하고, 사고는 그 언어에 의해 규정된다. 이를 달리 말하면 말에 의해 우리 생각이 달라질 수 있다는 것이다. 즉 어떤 말을 사용하느냐에 따라 그 사람이 규정된다는 말과도 같다. 따라서 어느 민족의 말을 사용하느냐에 따라서 생각이 달라지고, 삶이 변할 수 있는 것이다.

한 민족의 운명은 언어에 의해 흥망성쇠가 결정된다고 해도 과언이 아니다. 언어를 잃게 되면 그 민족의 정체성도 함께 사라진다. 만주족이 세운 청나라는 자기 언어를 버리고 한족의 말을 사용함으로써 민족이 흔적도 없이 사라지는 불행한 결과를 맞이했다. 우리나라도 일제강점기에 우리말을 쓸 수 없었던 쓰라린 역사를 가지고 있다. 일제가 우리말과 글을 강압적으로 쓰지 못하게 했던 가장 큰 이유도 바로 민족성을 말살하기 위함이었다. 아마 그때 우리 민족이 우리말을 지켜내지 못했다면, 오늘날의 우리도 지금과는 사뭇 다른 존재일지 모른다.

언어가 인간 존재를 규정한다는 이 원칙에는 예외가 없다. 인간은 언어 속에서 생각하고 생활한다. 언어가 긍정적이면 긍정적 인간이 되고 언어가 부정적이면 부정적 인간이 되는 것이다. 사람이 모여 이루는 사회 또한 마찬가지다. 한 사회가 부정적이 되는 것은 그들이 사용하는 언어와 무관하지 않아 보인다.

미국 버몬트대학교 통계학과 피터 보즈 박사가 이끄는 연구팀은 한국어를 비롯해서 스페인어, 포르투갈어, 중국어, 인도네시아어, 독일어, 프랑스어, 러시아어, 아랍어 등 10개 언어에서 가장 많이 사용되는 단어 10만 개를 추려내고, 이 단어들에 대한 느낌을 묻는 실험을 진행했다.[11] 긍정적일수록 10점, 부정적일수록 1점에 가까운 점수를 매겼는데, 스페인어가 6점으로 가장 긍정적이었고, 한국어와 중국어는 가장 부정적인 5점 초반대의 점수를 기록했다. 이러한 결과만 보면 우리나라가 스페인보다 부정적인 사회라고 미루어 짐작할 수 있다.

---

11. 〈바람난 과학〉, 《헤럴드경제》, 2015.2.10

말이 씨가 되고, 무럭무럭 자라서 의식을 점령한다

언어는 세상을 어떻게 표현할까? 우선 언어가 세상을 구성하는 방식을 생각해볼 수 있다. 대표적인 것이 **개념화**이다. 처음에 인류가 말을 사용하기 시작했을 때는 사물마다 각기 다른 이름을 붙였을 거라고 추정한다. 즉 집 앞에 소나무가 세 그루 있었다면 처음에는 이 셋의 이름이 각각 달랐을 것이다. 그러던 어느 날 아마도 세 그루의 나무에 공통점이 있다는 것을 발견해내고는 '소나무'라는 이름으로 묶어서 불렀을 것이다. 나아가 산이나 옆 동네에서 같은 종류의 나무를 보면 모두 '소나무'라고 불렀으리라는 것이다.[12] 이를 가리켜 우리는 추상화 또는 개념화라고 부른다.

실제로 소나무 하나하나는 다 다를 수 있지만, 우리는 솔방울이나 솔잎 등 공통된 특징을 떠올린다. 즉 소나무라는 거대한 하나의 무리로 묶어버리고 개념화하는 것이다. 스위스의 언어학자인 소쉬르는 이 개념화 과정에서 내용과 형식은 아무 관련이 없다고 말한다. 우리가 사는 세상이 개념화될수록 각기 고유한 사물의 속성은 사라지고 언어의 형식만 남게 된다.

실제로 우리는 실제 살고 있는 지역보다 지도를 더 신봉한다. 개념화된 언어에 길들여진 결과다. 이로 말미암아 우리는 어떤 사안에 대한 인식도 그저 상징적으로만 받아들인다. 그래서 예멘이

---

12. https://blog.naver.com/satusedu/220295513538에서 인용

나 시리아에서 '전쟁'으로 인해 수천 명이 사망하고, 수십만 명이 난민이 생겼다고 해도, 이를 지도상의 어느 곳에서 일어난 개념적 사건으로만 인식할 뿐 큰 의미를 부여하지 않는다.

이렇듯 언어는 말 그대로 대상 자체가 아니라 개념으로 존재한다. 따라서 내가 대상을 인식하고 이야기로 전달할 때는 대상이 전달되는 것이 아니라 개념이 전달되는 것이다. 듣는 사람은 다시 이러한 개념을 구체적인 대상으로 환원시켜야 비로소 이해할 수 있게 된다. 그런데 각자의 개념화는 저마다 차이가 있기 때문에 정확하게 원래의 대상으로 환원되지 않는다. 바로 이것으로 말미암아 소통에 문제가 생기는 것이다.

'배고픔'이라는 말을 떠올려보자. 살이 쪄서 다이어트 중이라며 밥을 굶고 있는 사람이 전쟁으로 인해 먹을 것이 없어서 굶주리는 사람과 과연 같은 생각을 할 수 있을까? 언어는 이렇듯 개념화로 인하여 수많은 오해와 갈등을 낳기도 한다. 그뿐만 아니라 말은 두려움을 가르치고 편견을 키운다.

　"저 녀석은 우리 학교의 사고뭉치야!"
　"김 선생님 말로는 부진아라는데…"

그 아이가 진짜 사고뭉치인지 부진아인지와 별개로 사람들이 이렇게 말하는 순간 그 아이는 정말로 그렇게 되는 것이다. 왜냐하면 앞으로 그가 하는 모든 말과 행동은 '사고뭉치' 또는 '부진아'라는 단어를 통해서 받아들여질 것이기 때문이다. 말이 씨가 되고, 무럭무럭 자라서 우리 의식에 대한 강력한 구속력을 갖게 되는 것이다. 설사 이 말이 진실을 담지 않은 새빨간 거짓말이라고 하더라도 마찬가지다. 한번 내뱉은 말은 없어지는 것이 아니라 그 사람을 계속해서 따라 다닌다.

이처럼 말은 현실을 지배하는 힘을 지닌다. 아울러 우리의 사고를 지배하는 힘을 가지기 때문에 중요한 것이다. 프랑스의 구조주의 철학자이자 비평가인 롤랑 바르트(Roland G. Barthes)는 다음과 같은 말로 언어의 권력적 성격을 설명했다.

"랑그(langue)는 파시스트다."

즉 어떤 특정 언어에는 높은 사회적 위신이 주어져 그 언어의 화자라는 이유만으로 유리한 입장에 설 수 있는 반면, 그 이외 다른 언어의 화자들은 여러 면에서 사회적 불이익을 받는다는 것이다.[13]

푸코(M. Foucault) 역시 담론이라는 개념을 통해 언어와 권력의 관계를 밝히고 있다. 그는 이렇게 말했다.

"담론 안에서 권력과 앎은 만난다."

---

13. 미우라 노부타카, 《언어제국주의란 무엇인가》(이연숙 옮김), 돌베게, 2005

다시 말해 권력체계가 한 사회를 통제하는 것은 담론을 통해서이며, 권력의 구조와 담론의 구조는 일치한다고 본 것이다.[14]

언어 권력의 횡포를 교사 스스로 견제하라

교실 안에서 교사가 권력을 가질 수 있는 이유는 교사가 위대해서도 잘나서도 아니다. 그것은 교사가 지식과 말을 지배하는 시스템 때문이다. 그렇기 때문에 우리 교사들에게는 이러한 권력을 남용하지 않도록 **스스로를 견제**하는 자세가 필요하다.

교사는 교과서라는 국가가 권위를 부여한 말을 가르치는 사람이기에 권력을 가진다. 만일 교사가 다른 것을 가르치려고 한다면 지위를 박탈당하고, 심지어 탄압을 받게 된다. 과거에 전교조 교사들이 학생들에게 교과서에 없는 내용을 가르쳤다고 해서 해직되거나 처벌을 받았던 사례가 이를 증명한다. 앞서 말했듯이 권력의 구조는 곧 담론의 구조와 일치하므로 다른 담론을 제기한 것에 대한 강력한 규제를 가한 셈이다. 이러한 담론규제의 법칙은 모든 사회에서 적용되는데, 내용이 조금 무거워지는 감이 있지만, 다음의 글은 언어 권력을 이해하는 데 도움이 될 것이다.

---

14. http://blog.naver.com/oracle0_0/150094414931 〈어떤 점에서 언어는 지배의 수단인가?〉 인용

각 계층과 상황에 허용된 언어가 있고, 그 언어규칙을 위반하면 사회적 위협을 받게 된다. 권력관계를 바탕으로 사회생활을 분석한다면 인간의 일상생활은 이미 당연시된 집단 담론에 의해 지배받고 있으며, 담론적 지식체계는 인간의 관점에서 볼 때 무의식에 더욱 가깝다. 요컨대 권력 구조는 반드시 지배자나 행위자의 의도를 전제하는 것이 아니며, 오히려 우리 사회에서 당연시된 것, 즉 언어 사용의 관습에 의해 형성된다.

언어는 세상에 존재하는 것을 단순히 전달하거나 창조하는 기능만 하는 것이 아니라 이미 존재하는 것을 나누고 구분하고 변형하는 권력적 기능을 수행한다. 실제로 언어는 그 언어를 사용하는 한 사회의 구성원들을 통합하는 기능을 수행하는 동시에 그들이 언어를 어떻게 사용하느냐, 주어진 언어적 문법이나 관습, 규범을 제대로 준수하느냐에 따라 사회의 계층을 나누고, 사회구성원들을 분열시키는 기능도 담당한다.

또한 다른 사회제도와 마찬가지로 언어는 개인의 자유를 억압하고 체제에 반항하는 자를 속박하기도 한다. 만약 어떤 사람이 권력언어를 거부한다면, 아마도 그는 사회에서 도태될 것임이 자명하다. 그만큼 언어의 힘은 강력하며, 그것을 독점하는 자는 권력을 갖게 된다. 하지만 우리가 권력 남용을 용납할 수 없듯이 특정 담론이나 언어가 언어의 본질적 다양성을 무시하고 커뮤니케이션을 독점하는 것을 받아들여서는 안 된다. 언어 권력의 횡포를 끊임없이 비판하고 견제함으로써만이 우리는 한층 공정하고 정의로운 언어문화를 형성할 수 있는 것이다.[15]

---

15. http://blog.naver.com/oracle0_0/150094414931 〈어떤 점에서 언어는 지배의 수단인가?〉 인용

말이 자유로운 교실을 만들기 위한 전제조건

이제 여러분은 언어가 매우 강력한 권력의 수단임을 충분히 깨달았을 것이다. 언어의 본질적 다양성을 무시하는 것이야말로 권력의 무자비한 횡포와 다르지 않다. 그리고 이것은 교실에서도 마찬가지다. 교사가 특정 담론을 학생들에게 강요하는 것은 권력 남용이며, 교사 스스로 이를 견제하려는 노력은 꼭 필요하다. 교실은 누구나 자유롭게 말할 수 있는 공간이 되어야 하기 때문이다. 교사와 학생 모두가 자유롭게 말하는 교실을 만드는 것이 왜 필요하고 중요한지를 이해하는 데 다음의 글이 도움이 될 것이다.

인간과 동물을 구분 짓는 것으로 우리는 이성, 언어 그리고 사회생활 등을 언급한다. 이 세 가지 특성은 서로 밀접하게 연관되어 있다. 사회생활을 한다는 것은 결국 타인과의 대화, 즉 언어를 전제로 하며 언어 사용은 이성적 사유를 조건으로 한다. 그런데 언어는 사회제도와 마찬가지로 인간을 자유롭게 만들기보다는 때론 속박하고 이용하는 등 권력적 성격을 띤다. 따라서 진정한 자유를 원하는 이들은 위선적이고 억압적인 사회규범과 언어관습을 거부하고 자연 속에서 침묵을 선택하기도 한다.

그렇지만 인간이 사회를 떠나 진정으로 자유로울 수 있을까? 사회의 억압으로부터 잠시 자유로울 수는 있을지 몰라도 인간은 문명과 사회의 도움 없이 홀로 살아가기엔 너무도 허약하며, 기본적 안전마저 위협받을 수 있다. 반면 사회 속에서라도 자유로운 대화와 토론이 가능하다면 우리는 자유를 영위할 수 있을 것이다. 더욱이 아리스토텔레스의 비극론이 보여주듯 언어를 사용한 예술 활동은 카타르시스적 만족과 한층 고양된 자유를 시민들에게 선사해줄 수 있다. 이처럼 언어는 사용하기에 따라 위험한 무기가 될 수도 자유를 향한 길이 될 수도 있다.[16]

언어는 분명 사람들의 사고나 세계관에 영향을 끼친다. 하지만 언어가 사고나 세계관을 결정한다고는 단정할 순 없다. 왜냐하면 우리는 언어를 통해서 세계를 인식하지만 언어의 도움 없이도 세계를 인식할 수 있기 때문이다. 그렇기에 누구나 자신을 중심으로 생각하며 자신만의 세계관을 가질 수 있는 것이다. 내가 곧 우주의 중심인 셈이다.

말로부터 자유로운 교실이 되려면 우선 언어의 권력화, 사유화로부터 자유로워져야 할 것이다. 더불어 특정 언어에 대해 냉소적이거나 거부 반응을 가져서도 안 된다. 아마 여러분도 황희 정승과 관련된 유명한 일화를 들어보았을 것이다.

하인 둘이 말다툼을 벌이다가, 황희를 찾아가 억울함을 호소했다. 한쪽의 호소를 들은 황희는 "네가 옳구나."라고 했다. 이에 그 말을 들은 또 다른 하인이 자신도 억울하다면 사연을 말했다. 이에 황희는 "너도 옳구나."라고 말했다. 이 모습을 지켜보던 부인이 왜 줏대 없이 두 사람의 말이 모두 옳다고 하느냐며 책망하자 "당

---

16. http://blog.naver.com/oracle0_0/150094414931 〈어떤 점에서 언어는 지배의 수단인가?〉
    인용

신 말도 옳소."라고 했다는 이야기다.

이 이야기의 교훈은 절대불변의 진리가 없다는 뜻이다. 제아무리 타당해 보이는 이야기일지라도 상황이 바뀌고 입장이 바뀌면 얼마든지 황당한 이야기로 돌변할 수 있다. 반대로 황당한 이야기가 타당한 이야기가 될 수도 있는 것이다. 결국 본질적으로는 맞는 것도 틀린 것도 존재하지 않는다는 뜻이다.

제아무리 쓸모없어 보이는 것이라도 각각을 놓고 살펴보면 나름의 타당성을 가지고 있는 것이다. 그러니 교실에서는 누구든 자신의 생각을 자유롭게 말할 수 있고 또 그것에 대해 누구든 건강하게 비평하고 토론할 수 있는 분위기가 마련되어야 한다. 말의 경계가 사라지고 서로가 서로를 인정하며 자유롭게 소통할 수 있을 때, 비로소 말로부터 자유로운 교실이 만들어질 것이다.

여러분은 혹시 학창시절에 선생님에게 들은 한마디의 말 때문에 깊은 상처를 받거나 반대로 큰 용기를 얻은 적이 있는가? 실제로 교사가 무심코 던진 말에 지울 수 없는 마음의 상처를 남기게 되는 경우도 있고, 또 평생을 살면서 힘들고 어려울 때마다 떠올리며 용기를 얻게 되는 경우도 있다. 세상에 학생에게 부정적인 영향을 미치고 싶은 교사는 아마 없을 것이다. 우리 모두 학생들에게 긍정적인 영향을 주는 그런 교사가 되기를 바란다. 이에 여기에서는 학생들을 바꾸는 선생님의 말이 가진 힘에 관해 이야기해보려 한다.

교사,
어떻게 말해야 하는가?

선생님의 말이 아이들의 삶을 바꾼다

마음의 장벽을 허물어뜨리는
교사의 지혜로운 개입

"네가 얼마나 가치 있는 사람인지 아니?"

우리는 이미 앞에서 자기중심성이 인간의 보편적 속성임을 살펴보았다. 그렇다. 사람은 누구나 자기중심적으로 생각하고 말하는 경향이 있다. 물론 그게 꼭 나쁘다는 건 아니지만, 상대의 관점은 무시한 채 오직 자기중심성만 앞세우다 보면 자칫 소통 불능의 아이콘이 되기 쉽다.

세상의 중심은 오직 나야 나

《빌 브라이슨의 영국산책》이라는 책을 보면 꽤 재미있는 사례가 실려 있다. 그 내용인즉 영국인들은 자기 나라 영토가 무척 넓다고 착각하고 있고, 특히 과거에는 여름이 더 길었다고 생각한다는 것이다. 생각해보면 영국은 차도 왼쪽으로 다니며, 극장에서 흡연도 가능하다. 이처럼 영국인들의 감각이 유독 제멋대로인 이유는

아무래도 다른 유럽인에 비해 자기중심성이 훨씬 더 강하기 때문
이라는 의견이 지배적이다. 빌 브라이슨이 미국에서 왔다고 하자
영국인들이 물어본 말이 참으로 재미있다.

"미국에 가보고 싶었는데, 거기에도 울워스(대형유통업체)가 있나요?"

"네, 울워스는 미국 회사인데요."

"그게 무슨 소리죠! 울워스가 미국 회사라구요? 그럼 콘플레이크는요?"

"미국에도 콘플레이크가 있느냐는 말이죠? 그것도 원래 미국에서 만든
것입니다."

"그럴 리가, 말도 안 돼! … 그거 참, 그럼 콘플레이크도 있고 울워스도
있는 미국을 놔두고 뭐하러 영국까지 온 거요?"

이것은 자기중심성의 어리석음을 보여주는 아주 사소한 예에 불
과하다. "혹시 여러분은 운전을 하면서 당신보다 느린 사람은 멍
청이고, 당신보다 빠른 사람은 미친놈이라고 생각해본 적이 없습
니까?" 이 말은 20세기 천재적 코미디언 조지 칼린이 한 말이다.[17]
인간이 저지르는 이러한 어리석음은 인식의 한계에서 비롯된 것이
다. 인간의 인식은 실체와 간극이 존재함에도 불구하고 사람들은
인식과 실체가 1:1로 대응한다고 생각할 뿐만 아니라, 여기서 더 나
아가 자신의 개인적인 경험이나 인식이 특별히 더 정확하고 객관

---

17. 토머스 길로비치·리 로스, 《이 방에서 가장 지혜로운 사람》(이경식 옮김), 한경비피, 2018,
    p.25

적이라고 추정한다. 물론 아무런 근거도 없이 말이다.

당신보다 느리게 운전하는 사람은 너무 느린 게 분명하고, 당신보다 빠르게 운전하는 사람은 너무 빠른 게 분명하다고 생각하는 것 자체에는 잘못이 없다. 누구나 그렇게 생각하니까 말이다. 하지만 그렇다고 그것이 실체는 아닌 것이다.

이런 사례는 우리 주변 일상에서도 비일비재하다. 예컨대 어떤 음악을 들었는데 너무 요란했다거나 식당에서 주방 아주머니가 만들어주신 음식이 간이 맞지 않는다고 인식한 경우, 이를 마치 어느 누구에게나 일반적인 사실인 양 생각해버리기 쉽다. 그러면서 누군가가 내 반응에 동의하지 않으면 대부분의 사람들은 상대의 취향이 유별나다고 판단할 뿐 자기 생각이 잘못되었다고는 거의 판단하지 않는다.

물론 예외적으로 다른 사람들이 나와 다르다고 느낄 때 "왜 나는 다른 사람과 다를까?"를 곰곰이 반추해보기도 한다. 그러나 이 반추의 대상은 곧 나에게서 다른 사람들로 옮겨가기 쉽다. 즉 '내가 뭘 잘못했을까?' 또는 '내가 유별난 점은 무엇일까?'가 아니라 '그들은 뭐가 잘못됐을까?'를 생각하는 것이다.

이렇듯 사람들은 자신이 인식한 대로 판단한다. 하지만 자신이 인식한 것은 말 그대로 주관적인 인식에 불과할 뿐이다. 그럼에도 이를 마치 객관적 인식처럼 받아들이는 것은 분명 문제가 있다. 지혜로운 사람이라면 주관적 인식을 객관적 인식으로 착각하는 우를 범하지 않기 위해서 스스로 노력할 것이다.

진실로 지혜로운 사람이 되려면 환상을 걷어내라

《이 방에서 가장 지혜로운 사람》이라는 책을 보면 지혜는 여러 가지로 해석된다는 것을 설명해준다. 웹스터 사전은 지혜를 세 가지 유형으로 분류한다. 그 첫째는 **지식**이고, 두 번째는 **통찰**이며, 세 번째는 판단 혹은 **분별력**이다.

지혜롭다는 것은 단지 단편적인 지식만 많이 쌓아감을 의미하지는 않는다는 것을 알 수 있다. 지혜를 갖추려면 사람들의 행동에 평범하면서도 가장 강력하게 영향력을 미치는 것이 무엇인지를 이해할 수 있어야 한다. 아울러 사람들이 언제 그리고 왜 잘못된 판단을 내리고 틀린 예측을 하며, 서투른 결정을 하는지도 알아야 한다. 즉 지혜로운 사람은 지식과 통찰 그리고 판단이라는 3가지 요소를 모두 포괄하는 관점을 가지고 있어야 한다는 뜻이다. 어떤 사건을 개별적 요소가 아닌 전체적으로 바라보며 큰 그림을 그릴 수 있는 능력, 즉 나무가 아닌 숲을 조망할 수 있는 폭넓은 시야가 필요하다.

심리학에서는 지난 수십 년간 커다란 혁명이 일어났다. 판단 및 의사결정이 많은 점에서 지각과 비슷하다는 사실을 분명하게 밝혀낸 점이다. 판단 및 의사결정은 지각과 마찬가지로 환상에 좌우된다. 더 큰 지혜를 얻고자 하는 사람이라면 이런 환상을 어떻게 찾아낼 수 있을지 그리고 어떻게 해야 이러한 환상을 걷어낼 수 있을지를 알아야 한다.

교사의 지혜로운 개입에 관하여

나는 최근에 발표된 몇 가지 연구 결과의 내용에 매우 흥미를 느끼고 주의 깊게 살펴보게 되었다. 단순히 몇 마디 말만 하면 되는 매우 간단하면서도 비용이 전혀 들지 않는 '심리적으로 지혜로운 개입'을 통해서 학생의 학업 성취도를 개선할 수 있음을 입증한 연구였다. 대체 그 개입의 내용은 무엇일까? 이 개입이 허물어뜨린 장벽은 과연 무엇이었을까? 그리고 단순하기 짝이 없는 그 개입이 어떻게 그토록 강력한 힘을 발휘한 걸까?

심리학자 제프리 코헨과 그의 동료들이 수행한 이 연구에서 그들은 미국 북서부지역의 교외에 있는 한 중학교 세 개 학급 학생들을 대상으로 **자기가치**를 확인시키는 개입이 어떤 효과를 발휘하는지를 검증했다.[18]

학생들에게는 1년 동안 저마다 가장 중요하게 여기는 가치를 주제로 하여 정기적으로 수필을 쓰도록 하는 미션이 주어졌다. 대개 주제는 가족이었지만 음악이나 스포츠 같은 아주 개인적인 가치도 있었다. 이런 개입의 결과로 고정관념에 노출되어 있던 흑인 학생들은 성적이 향상되었지만, 고정관념에 노출되어 있지 않은 백인들에게는 별다른 변화가 일어나지 않았다고 한다. 미션 이후 흑인 학생과 백인 학생의 성적 격차는 줄어들었고, 대학입학자격

---

18. 토머스 길로비치·리 로스, 《이 방에서 가장 지혜로운 사람》(이경식 옮김), 한경비피, 2018, p.343

시험 결과는 더욱 인상적이었다. 성적 격차가 2년 만에 무려 30%나 줄어든 것이다. 또한 유급이나 보충수업을 들어야 하는 학생의 비율도 전체 9%에서 3%로 줄었다.

이 선도적 연구가 발표된 이후 비슷한 연구들이 연이어 진행되었는데, 모두 비슷하게 긍정적인 결과를 얻었다고 한다. 이는 개입이 선순환 과정을 거쳐 성공한다는 의미였다. 이런 개입으로 효과를 본 학생들은 예전보다 더 큰 자부심과 자긍심을 갖게 되었으며 도전과 실패를 덜 두려워하게 되었고, 이를 지켜본 교사들을 포함해서 다른 학생들도 이들을 긍정적으로 바라보게 되었다. 그리고 이들을 유능한 존재로 인식하면서 더 긍정적 변화를 이끌어내기 위한 노력이 여기저기에서 일어났다. 성취를 이루어 나가는 과정이 만만치 않았음에도 끈기와 지구력을 발휘하는 등 개선의 효과가 선순환 구조 속에서 점점 커져간 것이다.

제프리 코헨은 그레고리 월튼과 함께 유사한 실험을 하나 더 진행했다. 먼저 신입생들에게 "대학 신입생은 어떤 인종에 속하든 관계없이 자신이 대학교 공동체에 소속되어 있지 않다는 느낌에 사로잡히지만, 이 느낌은 시간이 흐르면서 사라진다"라는 주장을 담은 조사보고서를 읽게 했다. 그런 후 소속감과 관련해서 자기가 가졌던 걱정과 입학 초기 학과 공부와 관련해서 느꼈던 어려움이 시간이 흐르면서 점차 사라지더라는 내용으로 수필을 쓰게 하고 또 발표도 하게 했다. 두 사람은 학생들에게 이 개입 실험을 3년 동안 진행했고, 여기에 '스텔시(은밀한)'라는 이름을 붙였다. 이 개입 덕분에 소수민족 학생들은 역경과 실망, 스트레스를 줄일 수 있었다. 그 결과 흑인 학생과 백인 학생 사이의 학업성적 격차가 통상적인 수준의 절반으로 줄어들었다.

이러한 개입이 학교생활 태도를 바꾸어 놓았으며, 학생들이 받을 부정적인 영향을 사전에 차단하는 효과까지 발휘한 것이다. 학생들은 더 많은 시간을 도서관에서 보냈으며, 더 많은 동아리에 가입했고, 스트레스도 더 적게 받았다. 당연히 성적이 향상되었고, 낙오자도 크게 줄었다. 다만 이러한 개입 조치들은 소수민족이 아닌 경우에는 별 효과를 발휘하지 못했다. 그렇지만 소수민족 학생들의 경우에는 그런 확실한 메시지를 전달하는 지혜로운 개입이 꼭 필요했던 것이다.

낙관적인 메시지가 발휘하는 힘

이 실험은 우리에게 많은 시사점을 준다. 바로 지혜로운 개입이 전하는 낙관적인 메시지는 소외집단 학생들에게 특히 더 필요하다는 점이다. 지혜로운 개입은 과학, 기술, 공학, 수학 분야를 지망하는 여학생이 맞닥뜨리는 고정관념의 위협에 따른 부정적 효과를 줄인다는 사실도 입증된 바 있다.

다들 제각기 다른 환경에서 자라고, 제각기 다른 개성의 소유자들이 모여 있는 학교에서 심리적인 개입을 통해서 성공적인 결과를 얻었다는 보고서가 점점 더 많이 나오고 있다.

그러나 이러한 개입은 무작정 하면 되는 게 아니라 지혜롭게 해야 한다. 다시 말해 실질적인 **피드백**이 필요하다는 뜻이다. 우선 학생 개인이 가진 상황과 처지에 맞게 주어져야 한다. 그리고 개개인이 가진 능력은 고정된 것이 아니기 때문에 얼마든지 확장되고 개발될 수 있다는 긍정적 메시지를 함께 심어주는 것이 꼭 필요하다.

무엇보다 스스로를 가치 있는 존재로 느끼도록 도와주어야 한다. 이는 현재 어떤 능력을 갖고 있느냐의 문제가 아니다. 능력은 노력을 통해서 얼마든지 더 커질 수 있다. 노력하면 언젠가는 결실을 맺을 수 있다는 확신과 끈기 그리고 필요할 때 언제든 도움을 청할 수 있다는 마음가짐이 성공의 문을 여는 열쇠다.

지혜로운 사람은 도움을 청하거나 질문하는 것을 두려워하지 않는다. 아울러 다른 사람의 충고와 비판에 마음을 활짝 열어두고 있는 사람임을 우리 교사들도 잊지 말았으면 좋겠다.

할수록 좋은 말과
하면 안 되는 말

"이런 쓸모없는 놈… VS 넌 꼭 필요한 사람!"

다른 사람과 말을 주고받을 때는 반드시 경계해야 할 두 가지 태도가 있다. 그것은 바로 **오만**과 **편견**이다.

제인 오스틴의 소설을 토대로 한 영화 〈오만과 편견〉에는 오만을 대표하는 남자 주인공 '다아시'와 편견을 대표하는 여자 주인공 '엘리자베스'가 나온다. 둘은 사사건건 부딪치면서 감정의 불꽃을 일으킨다. 이들은 서로에게 묘한 감정을 느끼지만, 자존심 때문에 겉으로는 전혀 내색하지 않는다. 내색하지 못한 채 오해만 키우던 두 주인공은 먼 길을 돌고 돌아 결국 서로에 대한 깊은 오해를 풀고, 사랑의 결실을 맺는다는 게 영화의 줄거리다.

오만과 편견 속에 쌓여가는 오해

오만은 자신을 타인 위에 두고 있으며, 사람에 대한 믿음과 애정이 없기에 상대의 이야기를 잘 듣지 않고, 행동이 건방지며 남을 무시하는 경향이 있다. 또한 편견은 일종의 색안경을 낀 것처럼 타인의 말을 자기 식으로 왜곡해서 받아들이며, 자신의 신념이 워낙 확고해서 어느 누구의 말에도 쉽게 생각을 바꾸지 않는 성향을 말한다. 그러므로 오만과 편견을 가진 채 대화를 하면 서로에 대한 오해만 자꾸 커질 수밖에 없다.

이러한 태도는 결국 마음과 관련이 있다. 마음이 뒤숭숭할수록 상대의 말을 잘 듣지 못한다. 게다가 현재 기분이 나쁘거나 상대의 생각이 자신과 다른 것 같으면 우선 듣기가 싫어진다. 따라서 대화의 선결조건은 상대방 마음의 문제를 해결하는 것이다. 무슨 말이든 받아들일 수 있는 마음 상태가 아니라면 대화는 엉뚱한 파도를 타기 십상이기 때문이다.

그러니 오만과 편견을 버리고 우선 상대의 마음을 들여다보자. 앞에서도 살펴보았지만, 인간은 사랑과 인정을 받고 싶어하는 근본적인 욕구를 가지고 있다. 발달심리학자 다니엘 스턴은 생존을 위한 동물적 욕구를 빼면 '인정받기를 바라는 욕구'를 가장 높은 순위의 인간 욕구로 규정했다. 타인에게 인정받는다는 건 내 존재의 긍정을 의미한다. 인간은 어쩌면 타인의 인정을 먹고 사는 존재인지도 모른다. 프랑스의 정신의학자 라캉은 이를 일컬어 '인간은 타인의 욕망을 욕망하는 존재'로 규정하기도 했다.

인정받고자 하는 욕구는 아이나 어른이나 마찬가지다. 아이가 처음 말을 배울 때 '엄마'라는 말을 하는 건 어쩌면 엄마를 인정해야 자신이 생존함을 알기 때문일 것이다. 동시에 나를 봐달라는, 나를 인정해달라는 요청이라고도 할 수 있다. 어른이 되고 난 후에도 이야기의 대부분은 자신을 알아달라는 메시지와 깊이 관련되어 있다. 그렇기 때문에 다른 사람의 이야기를 들어주고 공감하는 건 중요하다. 어쩌면 다른 사람의 말에 긍정해주는 노력이야말로 오만과 편견에 빠지지 않는 지름길일지도 모른다.

긍정의 말이 이끌어낸 기적

심리학자 칼 로저스는 《진정한 사람 되기》에서 남의 이야기를 공감하고 들어주는 것은 자신의 성장에도 도움이 된다고 말하면서 타인에 대한 이해는 그만큼 매우 가치가 있다고 말했다. 그는 다른 사람이 터놓고 자신의 이야기를 하는 것이 스스로를 풍요롭게 하며 또 매우 보람 있는 일임을 깨달았다고 증언한다.

우리는 흔히 상대방이 무슨 말을 하려고 하는지 지레 짐작하는 경향이 있다. 다시 말해 내가 무엇을 들을지를 미리 결정해놓는다는 뜻이다. 하지만 그런 경우 경청은 실패할 수밖에 없다. 나 스스로 진실하지 못한 상태라면 타인과의 관계 또한 진실해질 수 없을 것이다. 따라서 다른 사람을 변화시키려면 먼저 스스로 솔직해져야 한다. 그렇게 자신을 솔직하게 개방하면 할수록 다른 사람들을 기꺼이 이해하고 수용할 수 있을 뿐만 아니라 다른 사람에게도 더 많은 변화를 일으킬 수 있다. 나의 경험상 사람들은 긍정적인 말에는 대체로 긍정적으로 반응한다. 우리 인간은 타인을 모방하는 거울뉴런을 가지고 있기 때문이다. 삶은 고정되지 않은 채 변화하는 과정이다. 긍정의 말은 나를 변화시킬 뿐만 아니라, 동시에 다른 사람도 함께 변화시킨다.

그렇게 보면 말에는 참으로 묘한 힘이 있다. 말이 이끄는 대로 생각이 미치고, 행동까지 뒤따라오게 하니 말이다. 도저히 그 힘을 부정할 수 없는 것이다. 가령 "네가 그걸 어떻게 해?", "너 같은 놈은 쓸모없어!"와 같은 부정적인 말은 의욕을 꺾어버린다. 그렇지만 "넌 할 수 있어!", "넌 꼭 필요한 사람이야!"와 같은 긍정적 말은 마치 마법처럼 긍정적인 방향으로 이끈다.

같은 표현이라도 "소용없어, 다 끝났다니까!"라고 하면 정말 끝난 것으로 생각하고 포기한다. 하지만 "아직 끝나지 않았어, 마지막까지 기회가 남아 있으니 최선을 다하자!"라고 말하면서 젖 먹던 힘을 끌어내다 보면 기적처럼 역전을 이루어내기도 하는 예를 우리는 살면서 수없이 봐왔을 것이다.

우리가 인생에서 성공했다고 평가하는 사람들의 공통점은 무엇일까? 물론 성공요인을 어느 한 가지로 규정할 순 없겠지만, 많은 경우 이런 긍정적 말의 힘을 믿는 사람들이다.

여러분도 잘 알고 있는 오프라 윈프리는 무려 25년간이나 방송된 〈오프라 윈프리 쇼〉로 세계적인 사랑을 받았던 유명 방송인이다. 사생아로 태어난 그녀는 비록 불우한 어린 시절을 보냈지만,

흑인 최초로 〈보그〉지의 패션모델이 되기도 했고, 미국인이 가장 좋아하는 방송인에 꼽혔으며, 엄청난 재력을 자랑하는 억만장자이기도 하다. 그녀의 성공기는 "인생의 성공 여부가 온전히 개인에게 달려 있다"는 의미의 '오프라이즘(Oprahism)'을 낳기도 했다. 그녀의 영향력은 상상을 초월하였는데, 그녀의 괜찮다는 말 한마디에 그녀가 추천하는 책은 순식간에 베스트셀러가 되어 출판업계의 마이다스로 불리기도 했다. 또한 오프라 윈프리가 가난한 보육원에 방문해서 도움이 필요하다고 이야기하면 바로 다음 날 수십 억의 기부금이 여기저기에서 쏟아져 들어올 정도였으니, 참으로 대단한 여성이 아닐 수 없다.

그녀가 불우한 과거를 딛고 눈부신 성공을 거두게 해준 주요 원인은 바로 말이었다. 그녀는 특유의 솔직하고 친근한 말로 수많은 사람들에게 열정과 꿈을 불러일으키며 감동을 선사했다. 그녀는 찢어지게 가난한 집에서 흑인 사생아로 태어났지만, 자라면서 '가난이 나의 미래를 지배하도록 내버려두지 않겠다'며 "내 미래는 무척이나 밝아서 반짝반짝 빛나고 있다."고 늘 스스로에게 끊임없이 이야기했다고 한다. 어쩌면 그녀의 성공은 긍정의 말이 불러온 기적이 아니었을까?

나폴레옹 역시 "나의 사전에는 불가능이란 없다!"라는 너무나도 유명한 말을 남기며 도전적인 삶을 살았다. 아프리카의 성자 슈바이처 박사는 젊었을 때 다음과 같이 말했다고 한다. "30세까지는 학문과 예술을 위하여 공부하겠다. 그리고 30세 이후에는 다른 사람을 돕는 일에 내 몸을 바치겠다." 그는 자신의 말대로 30세까지 공부를 마친 후 아프리카에 가서 다른 사람을 돕는 일에 평생을 헌신했다. 비단 이들 말고도 말의 힘을 믿고 묵묵하게 실천하는 사람은 수없이 많을 것이다. 그리고 그들은 분명 자신이 말하는 대로 원하는 바를 이루었을 것이다.

긍정적인 말로 설계하는 긍정적인 인생

인간은 말한 것을 행동으로 옮기려는 경향이 있다. 말이 인간의 사고체계를 지배하고 있기 때문이다. 따라서 매일 하는 말을 긍정적으로 설계하면 인생 또한 긍정적으로 설계할 수 있을 것이다. 그러니 이제부터라도 "안 돼", "그건 아니야"와 같은 부정적인 말이나 "힘들어", "소용없어"와 같은 기운 빼는 말은 하지 말도록 노력하자. 대신에 "좋아요", "넌 할 수 있어"와 같이 힘을 주는 말, 긍정적인 말로 언어습관을 바꿔보면 어떨까?

언어습관을 바꾸면 어떻게 달라질까? 생활이 바뀌고 인간관계가 바뀌고 나아가 인생 전체가 달라질 수 있다. 특히 칭찬의 힘은 단연 최고다. 오죽하면 "칭찬은 고래도 춤추게 한다"고 하지 않던가? 칭찬 한마디에 더욱 나아지려는 의욕을 갖게 되는 게 인간이다. 심리학자 제시 라이어는 저서 《난 대단한 사람은 아니지만 난 나야》에서 다음과 같이 말했다.

칭찬은 인간의 따뜻한 마음에 내리는 햇살과 같다. 햇살이 없으면 꽃을 피우고 자라지 못한다. 우리 대부분은 다른 사람에게 비난의 찬바람만 주려 하지, 칭찬이라는 따스한 햇살을 주려 하지 않는다.[19]

예전에 열 살 난 한 소년이 이탈리아 나폴리의 한 허름한 공장에서 일하고 있었다. 이 아이는 노래를 너무 좋아해서 성악가가 되고 싶었다. 하루는 친구들에게 자신의 꿈 이야기를 했다.

"나는 세계적인 성악가가 될 테야." 그러자 친구들은 "네 목소리는 까마귀 소리 같아, 꿈 깨!"라며 놀려댔다고 한다.

그러나 그의 어머니는 달랐다. "너의 목소리는 개성이 강하단다, 꾸준히 연습하다 보면 지금보다 훨씬 좋은 성대를 가질 수 있을 거야."라며 아들을 진심으로 위로하고 칭찬해주었다.

어머니의 말에 용기와 힘을 얻은 그는 연습을 게을리하지 않았고, 마침내 세계적인 가수가 될 수 있었다. 당대에 한 번이라도 그가 노래하는 것을 들어본 사람들은 하나같이 그의 노래를 칭찬하며, 그의 목소리에 담긴 소박함과 자연스러움에 매료되었다고 한다. 바로 전설의 테너 '엔리코 카루소'의 이야기다. 그는 자신의 음성을 음반으로 남긴 최초의 음악가로 당대 최고의 출연료를 받을 만큼 가장 인기 있는 가수였다. 그리고 그를 성공으로 이끈 것은 다름 아닌 어머니의 진심 어린 **칭찬**과 **격려**였다.

---

19. 데일 카네기, 《카네기 인간관계론》(최염순 옮김), 씨앗을뿌리는사람들, 2004, p.309

성공한 이후에도 카루소는 언제나 겸손했고 또 다른 사람들을 긍정적으로 대했다고 한다. 이와 관련된 일화가 있다. 카루소가 친구와 함께 어느 이탈리아 식당에 갔을 때의 이야기다. 그를 알아본 식당의 요리사가 인사를 청했다.

"선생님을 이곳에서 뵐 줄은 몰랐습니다. 저는 평소에 선생님의 노래를 직접 한 번 듣는 것이 소원이었습니다."

그러자 카루소는 "그렇다면 직접 한 번 들려 드리지요."라며 흔쾌히 말했다.

"아니, 이런 누추한 곳에서 부르셔도 괜찮겠습니까?"

요리사가 매우 미안해하자, 카루소는 "괜찮습니다. 조금도 염려하지 마십시오."라고 답했다.

카루소는 그를 안심시키며 노래를 부르기 시작했다. 노래가 끝나자 그곳에 있던 모든 사람들이 카루소라는 것을 알아챘고, 공연장에서 비싼 입장료를 내고서야 들을 수 있는 그의 노래를 우연히 듣게 된 깜짝 행운에 기뻐했다. 이에 함께 간 친구가 카루소에게 "자네 같은 사람이 왜 아무 곳에서나 노래를 부르나!" 하며 타박하자 그는 이렇게 말했다고 한다.

"저 요리사가 맛있는 음식을 만들어 남들을 기쁘게 하듯, 음악가의 소명도 남들의 귀와 마음을 기쁘게 하는 것이라네, 다른 사람을 위해 노래 한 곡 하는 것에 뭐 그렇게 인색할 필요가 있겠는가?" 이 말을 들은 친구는 카루소에게 경의를 표했고, 죽는 날까지 존경했다고 한다.

어떻게 칭찬할 것인가?

오직 자신밖에 모르고, 다른 사람에게 점점 더 무관심해지는 각박한 현대사회를 살아가는 우리지만, 다른 이의 칭찬과 인정에 목마른 것은 여전하다. 젊은이들이 SNS의 '좋아요' 숫자에 집착하는 것만 봐도 그러하다. 우리 마음속에는 항상 남에게 인정받고 싶은 욕구가 깊이 자리하고 있는 것이다.

하지만 아무리 칭찬과 인정에 목마르더라도 위선을 바라는 사람은 없을 것이다. 칭찬은 진심에서 우러나올 때 비로소 힘을 발휘한다는 뜻이다. 사람을 변화시키기 위해서는 **진정성**이 필요하다. 아이들에게 내재된 숨은 능력은 교사의 말하기에 따라서 완전히 다른 모습을 보여줄 수 있다. 말 그대로 사람을 완전히 다른 사람으로 바꿀 수도 있다는 말이다. 지혜로운 교사는 조금이라도 나아지는 모습을 보이면 칭찬하고 아낌없는 격려를 해준다. 장점을 칭찬하고 단점은 스스로 깨닫게 하는 것이 변화의 지름길이라는 것을 잘 알고 있기 때문이다.

그러나 칭찬에도 바른 길이 있다. 심리학자인 캐롤 드웩 교수와 컬럼비아대학 연구팀이 뉴욕의 20개 초등학교 학생들을 대상으로 칭찬의 효과에 대해 연구한 바 있다.[20] 그 실험에서 처음에는 아이들에게 쉽게 풀 수 있는 시험문제를 내준 다음, 한쪽 집단의 아이

---

20. 캐롤 드웩, 《마인드셋》 (김준수 옮김), 스몰빅라이프, 2017

들에게는 똑똑하다는 칭찬을 해주고, 다른 집단의 아이들에게는 열심히 했다는 칭찬을 해주었다고 한다. 그리고 다시 문제를 풀게 했는데, 두 번째 실험에서는 시험문제의 수준을 두 가지로 나누었다. 하나는 첫 번째 시험문제와 비슷한 난이도의 문제였고, 다른 하나는 첫 번째 시험문제보다는 어려운 문제였다. 두 집단의 아이들에게 두 가지 시험문제 중 한 가지를 택해서 풀라고 하자, 똑똑하다는 칭찬을 받은 집단의 아이들은 대부분 쉬운 문제를 선택했고, 열심히 했다는 칭찬을 받은 집단의 아이들은 좀 더 어려운 시험문제를 선택하는 경향을 보였다.

이에 대해서 드웩 교수는 지능에 대한 칭찬을 할 경우 도전정신이 감소하여 모험을 하지 않는 것이라고 해석했다. 또 세 번째 실험에서는 중학생 정도나 돼야 풀 수 있는 어려운 문제를 내고 두 집단을 비교해보았다. 당연히 두 집단 모두 성적이 좋지 않았는데, 그 반응은 확연히 달랐다. 지능을 칭찬 받은 아이들은 자신이 똑똑하지 않아서 성적이 좋지 않았다고 이유를 댔지만, 노력을 칭찬받은 아이들은 자신이 충분히 집중하지 않았기 때문에 성적이 좋지 않았다고 말했기 때문이다.

마지막 네 번째 실험에서는 첫 번째 시험보다 쉬운 문제를 냈는데, 지능을 칭찬받은 아이들은 첫 번째 시험보다 20%나 성적이 하락한 반면에 노력을 칭찬받은 아이들은 반대로 성적이 30%나 올랐다고 한다.

이러한 연구 결과가 의미하는 바는 명백하다. 아이들은 타고난

지능에 대한 칭찬보다 **노력**, 즉 **과정**에 대한 칭찬을 더 긍정적으로 받아들인다는 것이다. 어디 아이들뿐이겠는가? 다 큰 어른들도 마찬가지다. 성인들의 경우에도 재능에 대한 칭찬보다는 노력에 대한 칭찬이 훨씬 더 효과적이다.

앞에서도 칭찬은 고래도 춤추게 한다고 했지만, 그렇다고 모든 칭찬이 무조건 약이 되는 것은 아니다. 때로는 칭찬이 독이 되는 경우도 있다. 따라서 칭찬하기 전에는 반드시 그 아이에 대해 다시 한 번 생각해보는 것이 좋다. 우리가 건네는 칭찬의 말이 아이의 성장에 혹시 방해가 될지 아니면 도움이 될지를 말이다. 우리는 칭찬에 대한 다음의 벤자민 플랭클린의 말을 기억하고, 경계할 필요가 있다.

> 칭찬, 그것은 때로는 삶의 활력소가 되기도 하지만 때로는 추진력을 잃게도 만든다.

조심성 없이 튀어나오는 상처의 말들

신의 책상에는 이런 문구가 놓여 있다고 한다.

> 네가 만일 불행하다고 말하고 다닌다면 불행이 뭔지 보여주겠다. 또한 네가 만일 행복하다고 말하고 다닌다면 행복이 뭔지 보여주겠다.[21]

인생이 잘 안 풀리는 사람은 안 풀릴 수밖에 없는 이유가 있는 것이다. 반면에 인생이 술술 잘 풀리는 사람은 잘 풀릴 수밖에 없는 이유가 있다. 부정적인 사람과 긍정적인 사람의 미래가 같을 순 없을 것이다. 학부모 상담에서 부모가 하는 말을 들으면 아이의 미래를 어느 정도 짐작할 수 있다. 부정적인 말을 자주 사용하는 부모 밑에서 자란 아이는 당연히 부정적이 될 수밖에 없기 때문이다. 그러니 말이 얼마나 중요한가?

학교폭력의 원인도 잘 살펴보면 소외나 무관심이 큰 비중을 차지한다. 우리 인간의 뇌는 사회적인 소외나 굴욕을 마치 신체에 가해지는 폭력과 같은 방식으로 인식한다고 한다. 소외나 굴욕을 느끼면 뇌는 이를 마치 신체에 가해지는 폭력과 동일한 위협으로 판단하고 공격성을 드러내도록 한다는 것이다. 아이들이 폭력적 행동을 보일 때 그 원인과 배경을 살펴보면 대부분 이처럼 부정적인 인간관계가 존재한다. 그러므로 학교폭력을 해결하려고 아무리 강력한 규칙과 법을 적용해도 별 효과를 거둘 수 없는 것이다. 차라리 근본적인 인간관계를 향상시키는 것이 문제해결의 지름길이라 할 수 있다.

칭찬의 말은 인간관계를 향상시키는 데 있어서 그 어느 것보다 효과적이다. 칭찬을 받으면 행복감을 느낄 것이고, 행복한 사람 중에 악인은 없는 법이다.

---

21. 정병태, 《나를 바꿀 수 없다면 하는 말을 바꿔라》, 넥스웍, 2017, p.29

"우리 모두는 남의 불행에 견딜 수 있을 만큼 충분히 행복하다."[22]

이 말은 다른 이의 불행을 보면 내가 행복하다는 것을 느끼게 된다는 의미다. 타인의 행복과 나의 행복을 비교하는 것이 나의 불행의 원인이라면 타인의 불행과 나를 비교하는 것은 나에게 위로를 가져다주는 일이 될 수 있다. 이렇듯 불행은 사람을 겸손하게 만든다. 불행한 일이나 안 좋은 일을 당한 사람을 위로하는 것은 그래서 조심스럽다. 실수를 줄이기 위해 조문 등의 절차나 인사말 등을 정해놓은 것만 보아도 쉽게 알 수 있다. 그런데 조심은커녕 남의 불행에 대해 습관적으로 튀어 나오는 말이 있다.

"내 그럴 줄 알았다."
"내 말 안 들으면 이렇게 된다고 경고했지?"

남의 실수나 불행에 대해 무심코 던지는 이런 말은 상대를 매우 멸시하는 말임과 동시에 자신을 과시하는 말이기도 하다. 마치 자신에게 앞을 내다보는 예지력이나 통찰력이 있는 듯 과시하는 말인 것이다. 그렇지만 사실상 상대를 조롱하고 비아냥거리는 의미로만 전달될 뿐 문제해결에 아무런 도움이 되지 않는 말이다. 그러니 가급적 하지 말아야 할 말이다.

---

22. 라 로슈푸코, 《잠언과 성찰》(이동진 옮김), 해누리, 2010

"그래, 앞으로 어떻게 할 생각이니?"

"그만하면 다행이야, 다시 반복하지 않으면 되지 뭐."

비록 상대가 조심하지 않았기 때문에 충분히 예상된 결과라서 화가 나더라도 위와 같은 말은 상대를 위로하는 표현이 된다. 그러나 때로는 이 말조차 그다지 위로가 되지 않을 때도 있을 것이다. 그럴 때는 차라리 아무 말 없이 그의 곁을 지켜주는 게 더 좋은 방법이다. 제3자에게 하는 말의 경우도 마찬가지다. "내 그럴 줄 알았어!"라는 말 대신 "그래? 크게 다치지는 않았니?"라는 말을 하는 것의 차이를 생각해보면 쉽게 알 수 있다. 상대를 비난하는 대신에 상대를 염려하고 위로하는 메시지를 전달해야 한다.

종국 : "선생님, 컴퓨터가 안돼요."

선생님 : "너 또 컴퓨터로 딴짓 했구나!"

종국 : "아니에요, 아무 것도 안했어요."

선생님 : "에이, 바이러스 감염이네."

종국 : "바이러스가 뭐에요?"

선생님 : "아니, 아직 그것도 몰라?"

"아직 이것도 모르니?", "아직 이것도 못해?"라는 표현은 당연히 알아야 할 것을 모른다는 것에 대한 책망이 담긴 말이다. 지적을 당해도 마땅한 상황이라면 할 말이 없겠지만, 맥락에 따라서는 상대에 대한 무시와 기본도 안 되어 형편없다는 뜻을 전달하기도 한다. 이런 말은 상대의 기분을 상하게 할 뿐이다. 특히 상대방에 대해 기준 이하라고 무시하는 인식이 깔려 있기에 더욱 그렇다.

"도대체 몇 학년인데 아직도 구구단을 몰라?"
"몇 번을 가르쳐주었는데 아직도 이해를 못해?"
"넌 아직도 이 쉬운 걸 이해 못하니?"
"넌 나이가 몇 살인데 여태 이것도 모르니?"

교사의 입장에서는 열심히 가르쳤는데 잘 이해하지 못하고, 기대했던 결과가 잘 안 나올 때면 자신도 모르게 이런 말들이 튀어나올 수 있다. 하지만 이런 말을 통해 남들은 다 아는 것이지만 자신만 모르는 게 기정사실화되므로 결과적으로 열등감을 자극하게 된다. 어느 한 부분에서 이와 같은 말을 들었던 아이는 다른 부분에서도 마찬가지로 열등감을 느끼게 될 가능성이 높다. 즉 다른 사람은 척척 해내는 것을 자신만 해내지 못한다는 데 대한 좌절감이나 열등감이 자칫 일상의 거의 모든 부분들로 확장될 수 있다는 뜻이다. 자기 능력에 대한 회의는 자신감의 상실, 열등감, 의욕 부진 등으로 이어질 것이고, 모든 부분에 걸쳐 무력감을 나타낼 것이다.

자신의 능력에 대한 믿음을 상실하면 자신의 모든 것을 부정적으로 해석하게 되고, 결국 자존감 없는 아이로 성장하게 된다. 그

러니 교사의 입장에서는 어이가 없고 답답한 상황일지라도 조금
만 너그러워지자. 속에서 천불이 끓어오르며, "아직 이것도 몰라!"
라는 말이 목구멍까지 밀려오겠지만, 이렇게 바꿔 말해보는 건 어
떨까?

"아, 이건 이렇게 하면 돼!"
"이렇게 하는 방법이 좀 더 쉬울 거야!"

학생이 마땅히 알고 있어야 할 것을 모르는 때일수록 교사는 더욱
신중한 표현을 써서 말하는 것이 중요하다. 자칫 '형편없는 사람'
이라는 메시지로 해석해서 크게 상처받을 수 있기 때문이다. 아이
의 자존감에 상처를 주는 말은 그 어떤 경우에도 절대 하지 말아
야 한다. 어쩌면 우리가 무심코 던진 말 때문에 아이는 평생 상처
를 안고 살아가야 할지도 모르기 때문이다.

궁금하면 추측하지 말고
질문하게 하라

"선생님, 질문 있어요!"

데이브드 브룩스의 《소셜 에니멀》이라는 책을 보면 작가 안드레아 돈데리의 말을 인용한 구절이 나온다.

"세상은 묻는 사람과 추측하는 사람으로 나뉜다."

그러면서 묻는 사람과 추측하는 사람을 다음과 같이 정의한다. "묻는 사람은 요청할 때 부끄러움을 느끼지 않으며, 거절당하면서도 마음에 상처를 받지 않는다. 이들은 질문에 거리낌이 없고, 어떠한 답에도 화내는 법이 없다. 반면 추측하는 사람은 남에게 부탁하는 것을 싫어하며, 다른 사람의 부탁을 거절할 때 죄의식을 느낀다. 추측하는 문화에서는 대답을 확신하지 않는 한 어떤 요청도 하지 않는다. 그리고 부탁을 받을 때 결코 직접적으로 싫다고 말하지 않고 그럴듯한 핑계를 댄다."[23]

질문하는 학교, 질문하는 사회

누군가에게 진실로 다가가고 싶다면 그에 대한 섣부른 추측은 금물이다. 추측 대신에 질문이 필요하다. 그러나 편견이라는 높은 담에 둘러싸여 있는 문화라면 묻는 사람보다는 막연히 추측하는 사람이 많을 가능성이 크다. 그럴 경우 확실하지 않은 상태에서 막연히 그럴 것이라고 쉽게 단정하는 경향이 있다.

사실 우리 사회도 추측하는 문화가 상당히 강하다는 걸 알 수 있다. 학교만 해도 종종 사실과 무관한 이런저런 이야기가 뜬금없이 나도는 경우를 쉽게 볼 수 있다. 당사자는 황당하고 억울해 하지만 어쩔 도리가 없다. 이런 잘못된 소문들은 대부분 누군가의 **추측**으로부터 온 것이다.

인간은 환경 속을 걸어가는 방랑자다. 그래서 어떤 문화를 만드는지가 중요하다. 추측이 난무하는 사회라면 오해와 편견이 들끓을 수밖에 없다. 교사들은 학교에서 추측하는 사람이 아니라 질문하는 사람을 길러내야 한다. 그러기 위해서 우선 학교문화부터 질문하는 문화로 바꿔야 한다.

나는 아이들을 가르칠 때 **질문**의 중요성을 강조한다. 그럴 때면 세상에는 모르는 사람과 모른다는 사실을 아는 사람이 있다는 것을 예로 들곤 한다. 모르는 사람은 질문하지 않는다. 왜냐하면 자

---

23. 데이비드 브룩스, 《소셜 애니멀》(이경식 옮김), 흐름출판, 2011

신이 모른다는 사실을 알지 못하기 때문이다. 그러나 자신이 모른다는 사실을 아는 사람은 질문을 한다. 왜냐하면 질문을 통해 앎으로 나아가기 위해서다.

"너 자신을 알라"는 소크라테스의 가르침을 통해 진리에 이르는 길은 우선 무지하다는 사실을 아는 것으로부터 출발한다는 것을 설명한다. 그러면 아이들은 질문이 왜 필요한지를 공감하게 된다. 나아가 어떤 때 질문이 필요한지에 대해서도 이야기한다. 질문은 모르는 것만 묻는 것이 아니기 때문이다.

잘못된 믿음을 해소하는 가장 좋은 방법, 질문

때로는 자신이 믿는 것에 대해서도 질문을 해야 할 때가 있다. 참이라고 믿을 만한 충분한 이유가 있는 믿음을 '합리적인 믿음'이라고 한다. 그러나 인간은 믿을 이유가 전혀 없는 것에 대해서도 믿음을 고수하는 성향이 있다. 세상에 범람하는 가짜뉴스만 봐도 잘 알 수 있다. 이런 믿음을 '비합리적인 믿음'이라고 하는데, 이런 믿음을 깨려면 질문이 필요하다. 우리는 자라면서 여러 가지 잘못된 정보에 근거한 어떤 믿음을 갖게 된다. 심지어 그것을 상식이라고 믿는 어처구니없는 경우가 비일비재하다. 예를 들어 점을 맹신하는 부모 밑에서 성장한 아이는 자연스럽게 운세를 믿는다. 어떤 아이들은 심령술의 힘을 믿는다. 귀신이 있다고 믿거나 외계인의 존재를 확신하는 아이들도 있다. 이러한 믿음이 유지되는 이유는 질문하지 않기 때문이다. '운세는 과연 정확한가?'라는 질문을 해 보면 금방 깨달을 수 있는데 말이다.

오늘의 운세를 살펴보자. 오늘의 운세는 태어난 해를 보는데, 그렇다면 같은 운을 갖고 태어나는 사람은 얼마나 될까? 우리나라 만 하더라도 같은 해 태어나는 사람은 수만 명이 넘는다. 그렇다 면 그 사람들 모두에게 오늘 똑같은 일이 일어난단 말인가? 어림 없는 일이다. 그럼에도 불구하고 많은 사람이 오늘의 운세를 믿는 까닭은 무엇인가? 그건 바로 인간에게는 그냥 그렇게 믿고 싶어 하는 성향이 있기 때문이다.

이를 가리켜 일명 '포러 효과(Forer effect)'라고도 하는데, 심리 학자 B. R. 포러는 사람들이 막연하고 일반적인 성격 묘사를 다른 어떤 사람에게도 맞는다는 것을 알지 못하고 그들 자신에게 유일 한 것으로 받아들이는 경향이 있다는 것을 밝혀냈다.[24]

당신은 타인이 당신을 좋아하고, 자신이 존경받고 싶어하는 욕구를 갖 고 있습니다만, 아직 당신은 자신에게는 비판적인 경향이 있습니다. 성 격에 약점은 있습니다만, 일반적으로는 이러한 결점을 극복할 수 있습 니다. 당신에게는 아직 당신이 아직 그것을 강점으로 이용하지 않는 숨 겨진 훌륭한 재능이 있습니다. 겉으로 보기엔 당신은 잘 절제할 수 있

---

24. 위키백과 '포러효과'의 정의를 참조

고 자기 억제도 되어 있습니다만, 내면적으로는 걱정도 많고 불안정한 점이 있습니다. 때로는 올바른 결단을 한 것인가, 올바른 행동을 한 것일까에 대해 깊이 고민하기도 합니다. 어느 정도 변화와 다양성을 좋아하고, 규칙이나 규제로 굴레로 둘러싸이는 것을 싫어합니다. 자기 자신을, 다른 사람들의 주장에 대해서 충분한 근거가 없다면 받아들이지 않을 수 있는 독자적인 사고를 하는 사람으로 자랑스러워합니다. 그러나 당신은 당신을 다른 사람에게 보이는 것이 현명하지 않을 수도 있다는 것을 발견합니다. 종종 당신은 외향적이고 붙임성이 있으며 사회성이 좋지만 가끔은, 내향적이고 주의 깊고, 과묵한 때도 있습니다. 당신의 희망 중의 일부는 좀 비현실적이기도 합니다.

포러는 자신의 학생을 대상으로 성격 테스트를 실시하고, 실제 결과를 무시하고 학생 모두에게 위의 글을 진단 결과로 나눠주었다. 그리고 학생에게 이 진단 결과가 자신과 잘 맞는지 아닌지를 0으로부터 5까지의 값으로 평가하도록 했다. 자신에게 '아주 잘 들어맞는다'라고 생각한 경우는 5, '전혀 들어맞지 않는다'의 경우는 0이다. 학생의 평가치를 평균한 결과는 4.26이었다. 이 테스트는 이후에도 심리학 전공 학생을 대상으로 수백 회를 반복하고 있지만, 평균은 여전히 4.2 수준을 기록하고 있다고 한다.

'포러 효과'는 왜 많은 사람이 잘못된 믿음을 고수하고 있는지를 잘 보여준다. 성격 테스트뿐만 아니라 별자리 운수, 손금 보기, 포춘쿠키, 혈액형 성격 같은 것들도 마찬가지이다. 뭔가 그럴듯한 진단 결과를 제공하기 때문에 마치 뭔가 근거가 있는 것처럼 보인다. 과학적 연구에 의해, 이러한 것들에는 근거가 없다는 것이 명백하게 밝혀졌지만, 아직도 사람들은 '어머, 딱 내 얘기잖아!' 하며 자신에게 잘 맞는다고 믿고, 이런 점집을 찾아 헤맨다. 그러나 이러한 것들은 혹시 우연히 들어맞을 수 있을지는 몰라도, 그저 눈속임에 불과할 뿐이다.

상대의 마음을 여는 기분 좋은 질문

질문이야말로 진리를 판별하는 지혜를 길러주는 방법이다. 그뿐만 아니라 질문은 사람과의 관계에 있어서도 매우 유효하다. 특히 상대를 인정하고 높여주는 질문을 던지면 질문한 사람 또한 그대로 대접받는다. 예를 들어 기분 좋은 일이 생기거나 알려주고 싶은 일이 생겨서 주변 사람과 공유하고 싶을 때가 있다. 하지만 먼저 말을 꺼내기엔 왠지 자랑 같고 쑥스러워서 선뜻 입이 떨어지지 않을 때가 있다. 이때 누군가가 먼저 물어주면 그렇게 고마울 수가 없을 것이다.

어려운 시험에 합격한 자식을 둔 부모, 큰맘 먹고 산 새 옷을 입고 모임에 나간 사람, 까마득한 선배들 틈에서 조심스레 기발한 의견을 낸 신입사원 등등 대부분은 이들을 그냥 무심코 지나칠 수도 있지만, 센스 있는 누군가는 이렇게 말해줄지도 모른다.

"세상에! 누굴 닮아서 그렇게 똑똑하죠?"

"옷이 너랑 진짜 잘 어울린다! 어쩜 그렇게 센스가 좋니?"

"와, 도대체 비결이 뭐지? 환상적인 의견이네, 누가 생각해낸 거야?"

이런 식으로 먼저 질문을 던지면 상대 또한 기분이 좋아질 것이다. 누가 들어도 기분 좋은 질문이란 이런 것이다. 이런 질문을 하는 사람에게는 대접해주고픈 마음이 절로 들고, 칭찬을 되돌려주는 게 인지상정이다.

예컨대 민수라는 아이가 방학 동안 큰 결심을 하고 아프리카에서 힘든 봉사활동을 하고 왔다고 하자. 봉사활동 중에 정말 여러 가지를 느끼고 경험해서 친구들에게 말해주고 싶은 것이 많다. 그런데 아무도 관심을 가져주지 않는다면 못내 서운할 것이다. 그런데 이때 교사가 "와! 민수 못 보던 사이에 까맣게 타고 날씬해졌네. 혹시 방학 때 어디 갔다 왔어?"라고 물으면 민수에게는 정말 고마운 질문이 된다. 자기가 하고 싶은 이야기를 자연스럽게 꺼낼 수 있으니 이보다 좋은 질문이 어디 있을까? 당연히 선생님과 민수의 관계는 더 돈독해질 것이다.

그런데 이러한 질문도 타이밍이 적절하지 않으면 무용지물이 된다. 왜냐하면 대답할 상대에게 준비가 안 되어 있거나 다른 일로 급한 상황에서 질문을 한다면 오히려 부담만 줄 수 있기 때문이다. 개학하는 날, 지각하지 않으려고 바쁘게 뛰어가고 있는 민수를 보고 "얼굴 까맣게 탔네. 뭐하고 놀았어?"라고 하면 어떻겠는가? 순간 당황스럽기도 하고 다소 엉뚱한 질문이어서 하고 싶은 말도 쏙 들어가 버릴 것이다.

질문에도 매너가 있다. 그래서 질문을 할 때는 역지사지의 마음이 필요하다. 스스로 답변하기 곤란하거나 싫은 질문은 상대에게도 하면 안 되는 것이다. 나는 종종 주변에서 악의가 있어서, 혹은 일부러 그런 건 아니지만 무심코 던진 질문 때문에 상대에게 상처를 주는 경우를 많이 봤다. 이런 경우 자칫 인간관계 자체가 흔들리는 악영향을 미칠 수도 있다. 사생활을 묻는 질문이라든가, 상대의 형편을 생각하지 않고 다짜고짜 질문을 던져 당황하게 만드는 것은 대표적인 비호감 질문이다.

우리가 어떤 질문을 하느냐에 따라 답변도 달라지게 마련이다. 질문이 너무 어렵거나 반대로 너무 수준이 낮아서 답하기 곤란한 경우가 있다. 전문용어를 남발하여 질문을 던진다거나 질문 자체에 이미 답이 내포되어 있거나, '상대는 당연히 모르겠지…' 라는 우월감에 사로잡힌 질문도 삼가야 한다. 기본적으로 상대를 배려하여 내가 질문 받았을 때 답변하기 싫은 질문은 하지 않는 것이 좋다. 나아가 수준 높은 질문을 던지려면 전체를 조망할 수 있는 관점을 가져야 한다.

그렇다고 질문이 너무 추상적이거나 코끼리 장님 만지기 식이어서는 곤란하다. 만약 내가 던진 질문에 상대가 싫어하는 기색을 내비치거나 답변을 머뭇거린다면 혹시 내 질문 방식에 문제가 있는지 돌아봐야 한다. 이런 경우 얼른 질문을 바꾸는 것이 좋다. 질문을 잘 하는 사람은 상대를 편하게 해주고 침묵이 흐를 때 기분 좋은 질문을 적절히 잘 던진다. 질문 매너는 나의 질문을 훨씬 더 고상하게 만들고 상대의 마음을 열게 만들어 좋은 답변을 이끌어낸다. 만약 자신의 질문 매너가 어떤지 판단하기 힘들다면 친한 친구나 동료에게 물어보자. 나 역시 이런 질문 연습을 통해 조금씩 성장하고 있다고 생각한다.

사람들이 질문하지 않는 이유

실제로 어떤 분야의 뛰어난 전문가이거나 많이 아는 사람일수록 자신이 모르는 것을 당당히 모른다고 밝히는 경우가 많다. 모르는 것이 있다는 것을 당연하게 받아들이기 때문이다. 벼는 익을수록 고개를 숙인다는 말처럼 자신이 모른다는 것을 아는 사람은 무지를 부끄러워하지 않고 항상 겸손하게 행동한다. 오히려 잘 모르는 사람들이 혹시 무시당할까 봐 몰라도 아는 체를 하고, 행여나 무지가 드러날까 싶어 질문도 잘 하지 않는 법이다.

우리나라 사람들은 대체로 질문을 잘 하지 않는다. 심지어 질문을 업으로 하는 기자들의 경우도 다르지 않다. 지난 2010년 11월 12일 G20 서울정상회의 폐막식에서 낯부끄러운 일이 있었다. 당시 오바마 미국 대통령은 폐막 연설을 한 직후 기자들의 질문을 받았다. 그는 "한국 기자들에게 질문권을 드리고 싶다."며 한국 기자들이 자유롭게 질문해주길 원했다. 한국이 훌륭한 개최국 역할을 해줬다는 말도 덧붙였다. 하지만 손을 든 한국 기자는 단 한 명도 없었고, 결국 질문권은 중국 기자에게 돌아갔다. 그 중국 기자는 "실망시켜드려서 죄송하지만 저는 중국 기자"라며 "제가 아시아를 대표해서 질문을 던져도 될까요?"라고 물었다. 하지만 오바마 대통령은 "저는 한국 기자에게 질문을 요청했다."며 재차 한국 기자들에게 질문 기회를 주려고 했다. 하지만 중국 기자는 "한국 기자들에게 제가 대신 질문해도 되는지 물어보면 어떻겠느냐?"면서 끝내 자신의 질문을 관철시켰다.[25]

그렇다면 한국 기자들은 왜 질문을 하지 않았던 것일까? 우리나라 사람들이 질문을 잘 하지 않는 이유는 아마도 관습과 학창시절의 경험 때문이라고 유추해볼 수 있다. 우리나라는 전통적으로 윗사람의 말에 토를 달지 않는 게 예의라는 인식이 있다 보니 질문하는 것을 버릇없다고 여기는 경향이 없지 않다. 그러나 시대가 많이 변했음에도 왜 이러한 관습이 사라지지 않는 걸까? 아마도 주된 이유는 실패를 수치로 여기는 문화 때문일 것이다. 아이들에게 물어봐도 역시 이런 이유가 대부분이다. '혹시라도 틀린 답을 말할까 봐', '모른다는 사실을 남들에게 들킬까 봐', '친구들이 웃을까 봐', '잘못 말해서 망신당할 것 같다' 등 여러 이유로 질문하기가 망설여진다고 했다.

---

25. EBS 다큐프라임 〈왜 우리는 대학을 가는가〉 5편 '말문을 터라' 편

거기다가 우리나라 학교 교육은 오랫동안 교사의 일방적 강의로 진행되는 수업에서 문제풀이만 반복하는 데 익숙해져왔기 때문에 스스로 생각해서 질문하는 것에 대해서는 매우 낯설고 부담스러워하는 경향이 있다. 여러분도 아마 수업을 마치고 다음과 같은 상황에 꽤 익숙할 것이다.

"오늘 수업은 여기까지. 질문 있는 사람?"
"(묵묵부답)…"

너무나 익숙한 교실 풍경의 하나이다. 우리 모두는 질문의 덫에 걸려 있다. 이제까지 질문다운 질문을 받지 못했고, 또 질문을 건넸을 때 돌아온 묵묵부답의 경험이 쌓임으로 인해 질문 자체를 회피하는 경향이 어느새 굳어버린 것이다.

좋은 질문은 어떤 질문인가?

교사의 잘못된 질문습관도 질문 없는 교실을 만드는 요인 중 하나다. 질문에도 '좋은 질문습관'과 '피해야 할 질문습관'이 있다. 《질문이 살아 있는 수업》을 쓴 수업디자인연구소 김현섭 소장은 수업에서 피해야 할 질문습관 8가지를 제시했다.

그중 대표적인 좋지 않은 질문습관으로는 혼자 말하고 답하는

'자문자답', 정답 제시형 '닫힌 질문', 질문 안에 교사가 유도하는 답이 있거나 특정 답으로 이끌어가는 '유도질문', 질문 의도가 명확하지 않은 '모호한 질문', '예와 아니오로만 답해야 하는 질문' 등을 가리켜 피해야 할 질문습관이라고 언급했다.

대신에 좋은 질문습관이란 열린 질문을 하는 것이다. 열린 질문은 정답이 하나가 아니라 여러 개인 질문을 말한다. 그리고 '예' 또는 '아니오'의 단답형으로 답할 수 있는 질문이 아니라 생각을 자유롭게 말할 수 있는 질문이기도 하다. 교사는 이러한 열린 질문을 던진 후 학생 스스로 답을 찾아가도록 격려하며 질문을 이어나가도록 도와주는 것이 좋다.

김현섭 소장은 이 책에서 좋은 질문의 10가지 원칙을 제시하였다.[26] 그중 몇 가지만 살펴보면, 우선 '학생 입장에서 생각하고 질문을 던지는 것'이다. 좋은 질문과 나쁜 질문의 차이는 학생 입장에서 바라보면 쉽게 판별할 수 있다. 학생 입장에서 쉽게 말할 수 있고, 생각을 열어주는 질문은 좋은 질문이라고 할 수 있지만, 그렇지 않은 질문은 나쁜 질문이다. 교사가 만든 질문이 좋은 질문인지 아닌지를 판별할 수 있는 방법은 교사가 직접 그 질문에 대한 예상 답변을 해보면 안다. 예컨대 교사가 학생들에게 "좋은 시란 무엇일까요?"라고 질문한다면 학생 입장에서 쉽게 답변하기 힘들 것이다. 하지만 "내가 알고 있는 시(詩) 중 인상 깊었던 시나

---

26. http://eduhope88.tistory.com/185[교육이야기] 〈질문이 살아 있는 수업〉

좋았던 시가 있었으면 그 시(詩)는 무엇이고, 그 이유는 무엇인가요?"라고 질문한다면 학생 입장에서 쉽게 답변할 수 있을 것이다. 그리고 학생의 학습수준에 맞는 질문을 활용해야 한다. 즉 학생이 대답할 수 있는 능력을 지나치게 벗어난 질문을 해서는 안 된다는 뜻이다. 예컨대 초등학교 5학년 학생에게 "인간이란 무엇일까요?"나 "맹자와 순자의 인간관의 공통점과 차이점은 무엇일까요?"라고 질문한다면 분명 그 학생은 크게 당황할 것이다. 아마 속으로 '저한테 대체 왜 이러세요?'라고 생각하지 않을까?

두 번째 원칙은 '교사가 질문을 독점하지 말라는 것'이다. 교사가 너무 많은 질문을 학생에게 던지다 보면 교사 중심 수업이 될 수 있다. 물론 교사 중심 수업이 무조건 나쁘다는 것은 아니지만, 학생의 배움을 촉진하려면 학생 스스로 질문할 수 있는 기회와 시간을 주어야 한다. 교사 주도의 수업은 소통 방식이 기본적으로 일방통행이고, 질문의 전문화 현상으로 인해서 공부를 잘하는 학생에게만 질문이 용납되는 문제점이 있다.

세 번째 원칙은 '학생의 질문을 다른 학생에게 연결하라는 것'이다. 학생의 질문이나 답변에 대하여 교사가 즉각적으로 정답을 말하지 말고 다른 학생에게 의견을 묻거나 그 질문을 반사하여 질문하는 것이 좋다. 왜냐하면 어떤 학생의 질문이 개인의 궁금증으로 그치지 않고, 전체 학생들에게 좋은 배움의 기회로 확장될 수 있기 때문이다. 예컨대 과학 시간에 어떤 학생이 "선생님, 하늘은 왜 파랗죠?"라고 질문했을 때, 교사가 바로 "그 이유는 빛의 산란 현상 때문이야. 파란 빛은 짧은 파장이고, 붉은 빛은 긴 파장의 성질을 가지고 있는데…"라고 설명하는 것보다는 다음과 같이 질문한다면 배움을 다른 학생에게 연결할 수 있다.

> "그래, 참 좋은 질문이구나. 혹시 다른 친구들 중에서 이 질문에 대하여 설명해보고 싶은 사람이 있니?"

교사가 이와 같이 질문한다면 다른 학생들로부터 다양한 답변을 이끌어낼 수 있을 것이고, 그 결과 전체 학생들이 빛의 성질에 대해 배울 수 있는 좋은 기회가 될 것이다.

다음으로 진정한 대답을 원한다면 학급 전체로 질문하지 말고 특정 학생을 선택하여 질문하라는 것과 특정 학생을 선택하여 질문했으면 최소 7초를 기다리라는 것이다. 대체로 수업시간에 교사가 특정 학생을 선택하여 질문했는데, 지목을 받은 학생이 제대로 답변하지 못하고 우물쭈물하면 곧바로 다른 학생에게 질문을 넘기거나 전체에게 묻는 경우가 많다. 바로 여기서 필요한 것이 교사의 **기다림**이라는 것이다. 학생이 바로 대답하지 못한 이유가 몰라서일 수도 있지만, 혹시 다른 이유 때문일 수도 있기 때문이다. 예컨대 외향적인 학생은 교사의 질문에 대하여 즉각적으로 답변할 수 있지만 내성적인 학생은 그러하지 못하다. 내성적이고 수줍어하는 학생의 경우, 자기 이야기를 하려고 하면 최소 7초의 시간을 기다려줘야 한다.

그런데 막상 수업시간에 기다려보면 교사에게는 7초의 시간이 심리적으로는 마치 70분처럼 느껴진다. 그래서 즉각 답변하지 못하면 정답을 모르는 것으로 간주하거나 답변할 기회를 다른 학생에게 넘기는 경우가 많은 것이다. 하지만 이러한 일이 자주 생기다 보면 해당 학생은 스스로에게 잘못을 돌려 자신감을 영영 잃어버릴 수 있다. 그러므로 교사는 특정 학생을 선택해서 질문했다면 최소 7초의 시간을 기다려주어야 한다. 7초를 기다려도 답변을 하지 못한다면 이렇게 말해보자.

"민지야, 다른 친구에게 이 질문을 던져도 되겠니?"

교사가 지목받은 학생에게 먼저 양해를 구하고 다른 학생에게 질문을 던진다면 그 학생은 선생님으로부터 **존중**받고 있다는 것을 느낄 수 있을 것이다.

그 외에도 김현섭 소장은 '절대로 자문자답하지마라', '대답을 경청하고 반응을 보여라', '학생이 오답을 말해도 부정적인 반응을 보이지 말라' 등 교사의 좋은 질문 방식이 학생의 질문을 이끌어낸다는 점을 강조한다. 그러나 질문의 원칙을 꿰고 있다고 해서 수업에서 좋은 질문을 할 수 있는 것은 아니다. 학습 단원의 특성, 학생들의 학습수준, 수업의 맥락과 상황 등을 복합적으로 고려하여 그에 맞는 질문을 개발하여 활용할 수 있어야 한다. 즉 좋은 질문은 **교사의 전문성**이 전제될 때 가능한 것이다.

질문 속에 답이 있다

마지막으로 내가 가장 강조하고 싶은 것은 **질문의 목적과 방향**이다. 질문의 목적이 분명하고 방향이 맞다면 결국 원하는 답을 얻을 수 있다. 낯선 곳을 여행할 때를 떠올려보자. 길을 잘 몰라도 얼마든지 여행을 즐길 수 있다. 여행을 하다 길을 잃어버려도 질문만 제대로 하면 길은 금방 찾을 수 있다. 길을 알려주는 사람은 어디에나 있는 법이다.

"길을 모르면 물으면 될 것이고, 길을 잃으면 헤매면 그만이다. 이 세상에 완벽한 지도란 없다."[27] 중요한 것은 가고자 하는 목적지가 어디인지를 잊지 않는 것이다.

영화 〈올드보이〉에서 주인공 '오대수'는 어느 날 갑자기 납치되어 영문도 모른 채 어딘가로 감금된다. 거의 미칠 지경에 이른 오대수는 15년 만에 역시 이유도 모른 채 풀려난다. 그는 복수의 칼날을 갈며 자기를 감금한 자가 누구인지 찾기 위해 애쓴다. '도대체 누가 왜 나를 가둔 걸까?'를 수없이 질문해보지만, 도무지 답을 찾지 못한다. 그러던 어느 날 그를 가두었던 장본인인 '이우진'이 그 앞에 나타나 이렇게 말한다. "당신의 진짜 실수는 답을 못 찾은 게 아니야, 자꾸 틀린 질문을 하니까 맞는 답이 나올 리 없잖아? '왜 이우진은 오대수를 가두었을까?'가 아니라 '왜 풀어주었을까? 왜 딱

---

27. 한비야, 《중국견문록》, 푸른숲, 2006

15년 만에 풀어주었을까?'란 말야." 답은 왜 가두었는지가 아니라 왜 15년 만에 풀어주었는지에 있었던 것이다.

이우진이 한 말에 담긴 핵심 메시지는 바로 제대로 된 질문을 하지 않으면 결코 답도 찾을 수 없다는 것이다. '질문 속에 답이 있다'는 말은 바로 이런 의미이다. 제대로 된 질문만이 제대로 된 답을 얻을 수 있다.

다음은 질문을 통해서 앎에 이르는 과정을 대화로 한번 엮어본 것이다. 부디 여러분의 교실에도 좋은 질문과 배움이 넘쳐나기를 바란다.

"학교에서 질문은 주로 누가 하죠?"

"선생님이요."

"그럼 대답은 주로 누가 하죠?"

"저희들이요."

"그런데 그 대답도 나중에는 선생님이 해주시지 않나요? 여러분은 정답을 외워서 시험 답안으로 쓰면 끝이고요."

"맞아요."

"배움에서 질문이 더 중요할까요? 대답이 더 중요할까요?"

"대답이요."

"그런가요?"

"질문이요."

"그런가요?"

"질문도 중요하고 대답도 중요합니다."

"공부를 왜 하죠? 이건 질문이에요? 대답이에요?"

"질문입니다."

"그럼 질문이 더 중요하지 않나요?"

"왜요?"

"일단 질문을 해야 답을 찾을 수 있잖아요."

"답도 중요하죠. 질문만 하면 뭐해요? 답을 모르는데요."

"와우!! (짝짝!!) 맞아요. 질문만 하고 답을 모르면 답답하죠. 그런데 이런 경우도 있을 거예요. 어떤 사람이 참 바보같이 살아요. 근데 자신은 그걸 모르고 있죠. 모르기 때문에 질문도 못해요. 나는 왜 이렇게 바보같이 사는 거야? 만약 그 질문을 할 수 있다면 더 이상 그렇게 살지 않을 수 있었을 거예요. 왜냐하면 그 물음에 대한 답을 찾을 수도 있었을 테니까요. 근데 그런 질문을 던질 줄을 모르는 거죠. 그건 질문을 하면서 답을 모르는 것보다 조금 더 심각한 경우가 아닐까요?"

"맞아요."

"전 여러분의 눈 속에도 어떤 물음이 보였으면 좋겠어요. 그것이 뭔가 불만이거나 의심이라고 해도 좋아요. 그 물음에 대한 대답을 찾아가는 과정이 성장의 과정이기 때문이에요. 선생님이 질문하고 또 선생님이 대답해주는 그런 환경 속에서는 여러분의 진정한 성장은 이루어지지 않을 거예요. 하지만 오늘은 여러분이 성장하고 있는 것이 눈에 보이는 것 같군요."

스스로 깨닫지 않으면
변화도 없다

"아하, 그렇구나!"

좋은 말은 사실 누구나 할 수 있다. 좋은 말들로 가득한 책들이 시중에 널려 있고, 인터넷을 조금만 뒤져도 좋은 말은 얼마든지 찾아낼 수 있다. 하지만 아무리 좋은 말이라도 상대의 긍정적인 변화를 이끌어낼 수 없다면 말에 담긴 의미도 반감될 것이다. 마찬가지다. 교사가 아무리 학생에게 좋은 말을 해준들, 이것이 학생에게 제대로 받아들여지지 않는다면 교사 입만 아플 뿐이다. 《부모라면 유대인처럼》이라는 책을 보면 랍비 벤 엘리에제르라는 사람이 이렇게 말했다는 내용이 나온다.

> 진리는 어디에나 흔하게 있다. 문제는 사람들이 진리를 줍기 위해서 허리를 구부리는 일조차 하지 않는다는 것이다.[28]

---

28. 고재학, 《부모라면 유대인처럼》, 예담Friend, 2010

그만큼 진리를 아는 사람은 많아도 그것을 실천하기가 어렵다는 뜻이다. 스스로 깨닫게 하는 것이 그렇다. 누군들 스스로 깨닫게 하는 것이 중요하다는 걸 모르겠는가? 억지로 강요하기보다 스스로 깨닫게 하는 것이 훨씬 좋다는 것은 이미 여러분도 잘 알고 있을 것이다. 그렇지만 가르칠 것은 많고 시간은 부족한 실제 교육 현장에서 이를 제대로 실천하기란 쉽지 않다. 그러나 단 몇 가지만이라도 실천한다면 결과는 크게 달라질 것이다. 스스로 깨닫는 법을 터득한 아이와 늘 지적받으며 반항심을 키운 아이는 삶을 대하는 태도가 다를 테니 말이다.

실수하며 배우는 아이들

학교에서 아이들의 실수는 그야말로 다반사다. 아이들이 뭔가 실수를 할 때마다 잘잘못을 따지며 일일이 지적한다면 교사와 아이들의 관계만 더욱더 나빠질 뿐이다.

예를 들어보자. 쉬는 시간에 선생님이 잠시 자리를 비운 틈에 아이들끼리 교실에서 장난을 치다가 그만 화분을 깨뜨렸다. 화분의 흙이 이리저리 지저분하게 흩어지고 주변의 아이들까지 몰려들어 매우 소란스러워진 상황이었다. 선생님이 교실로 돌아오자 그중 몇몇이 나서서 이르기 시작한다. 이에 선생님은 화분을 깬 아이에게 묻는다.

교사: 화분이 깨졌네, 네가 그랬니?

주원: 네.

교사: 그래? 어쩌다 그랬니?

주원: 화니가 잡으려고 해서 제가 피하다가…

교사: 그래, 그럼 화니도 책임이 있구나. 화니야, 너도 와보렴.

주원: 아니에요, 장난치다가 제가 깼어요.

교사: 교실에서 장난을 치다가? _____

만약 여러분이 저 교사라면 뒤 빈칸에 뭐라고 말하겠는가? 바로 이러한 상황에서 교사가 어떻게 대처하는지에 따라 아이의 반응도 천차만별이다. 이와 같은 상황에서 예상되는 교사의 대응 방식을 제시해보면 다음과 같다.

첫 번째 방식은 잘못을 질책하고 일을 빨리 마무리하는 것이다. 예컨대 다음과 같은 식의 대응을 말한다.

"으이그, 조심성 없기는! 교실에서는 너무 심한 장난을 치면 안 된다고 몇 번이나 얘기했지! 내일 당장 부모님 오시라고 해!"

이 교사는 문제 상황을 서둘러 정리하기 위해서 아이에게 탓을 돌리고 부모님에게 책임을 전가한다. 하지만 과연 이 말을 들은 아이는 자신의 잘못을 뉘우칠까? 아마도 그렇지 않을 것이다. 어쩌면 반성은커녕 부모님에게 혼날 걱정이 앞서고, 그로 인해 자칫 반항심만 키우게 될 가능성이 높다.

또 다른 방식은 아이에 대한 걱정과 관심을 표현하는 것이다. 말하자면 다음과 같은 식의 대응을 말한다.

> "그나마 네가 안 다친 게 다행이다. 화분이 아깝지만 일부러 그런 게 아니니 어쩔 수 없지 뭐, 다음부턴 어떻게 하는 게 좋을까?"

아이를 혼내려는 의도보다 화분이 깨져서 서운하다는 메시지를 전달하면서도 한편으로는 아이 스스로 잘못을 깨닫기를 바라는 것이다. 아마도 이 말을 들은 아이는 이내 "아주 살짝 건드렸는데 깨졌어요. 다음부터는 아주 조심해야겠어요."라면서 얼른 청소도구를 가져와 치우기 시작할 것이다.

흔히 아이들이 잘못을 저지르면 우리는 그 아이의 상황이나 마음 상태를 고려하기보다는 행위 자체를 문제 삼아 질책부터 하기 쉽다. 그렇지만 아이 스스로 이미 잘못을 인정하고 있는 상태에서 더 꾸중하거나 혼내는 건 솔직히 큰 의미가 없다. 특히 아이가 일부러 그런 게 아니라 의도하지 않은 잘못을 한 경우라면 더더욱 그러하다. 차라리 아이가 마음의 상처를 입지 않도록 배려하며 문제해결을 이끌어내는 것이 상책이다.

가장 좋은 방법은 문제행동 자체에 집중하기보다는 그럴 수밖에 없었던 상황적 요인을 부각시켜서 아이 스스로 갖고 있는 죄책감을 덜어주는 것이 현명하다. 즉 아이의 **자존감**에 상처를 주지 않고 스스로 잘못을 깨닫게 하는 것이다.

강제할수록 더 하기 싫어지는 게 인지상정

누군가 내게 이래라저래라 하며 명령한다면 썩 달갑지 않을 것이다. 아이들에게도 "~ 해라!"라며 명령조로 말하는 것은 되도록 삼가는 것이 좋다. 물론 이미 해야 할 일을 여러 번 말해주었는데도 나 몰라라 하고 있을 때라면 단호하게 말해줄 필요도 있을 것이다. 그렇지만 이런 말만 매일매일 듣고 자란 아이는 자연스럽게 수동적이고 자기 결정력이 떨어지는 사람이 되기 쉽다. 꼭 해야 할 일인데 게으름을 피우고 꿈지럭거리는 학생을 보고 있노라면 답답한 마음에 "어서 빨리 하지 못해!"라며 꽥 소리치고 싶은 마음이 솟구치는 게 인지상정이다. 그러나 이럴 때일수록 참아야 한다. 참는 자에게 복이 있다는 말도 있지 않은가. 답답함은 잠시 누르고 부드러운 목소리로 이렇게 말해보자.

> "○○야, 얼른 하는 게 좋지 않겠니?"
> "빨리 하고 함께 간식 먹자~"

마치 즐겁게 권하는 어조로 말해보는 것이다. 훨씬 부드럽게 다가갈 수 있을 뿐더러 아이들도 기분 좋게 자발적으로 서두르게 된다. 아이들은 대체로 명령조로 말할 때보다는 대등한 입장으로 존중받을 때 더 잘 받아들이기 때문이다.

어른인 나도 마찬가지다. 무엇이든 강제적으로 하라고 하면 어쩐지 하기 싫어진다. 그런데 따뜻한 격려 한마디면 무엇이든 더 하고 싶은 마음이 솟구친다. 아이들에게 "뭐하니? 빨리 빨리하지 않고…"라고 말하고 싶은 마음이 굴뚝같더라도 "우리 빨리 끝내고 축구 한 판 하는 게 어때?"라면서 독려하는 편이 학교생활을 더 활기차게 만드는 비법이다.

여러분에게 소개하고 싶은 사례가 있다. 공부가 싫은 윤수란 학생의 이야기다. 윤수는 고등학교 1학년인데, 늘 교실 뒤편에 엎드려 있었다. 학기 초 선생님마다 깨웠지만 불손한 태도로 짜증을 낼 뿐이었다. 하지만 수업이 끝나면 다른 반에서 잠자는 아이들을 불러 모아 신나게 노는데, 이때는 전혀 다른 사람 같았다.[29]

담임선생님은 상담선생님에게 윤수 문제를 의논드리고 윤수의 이야기를 들어보기로 했다. 초등학교 때 운동을 했고 중학교도 체육 특기자로 진학하려 했는데, 아빠가 강제로 그 꿈을 꺾었고 그때부터 너무 억울해서 자포자기 심정으로 아무것도 안하는 것이라고 했다. 공부도 포기한 지 4년이나 지나서 어떻게 하는 건지 모르겠다고 했다. 다음은 윤수와 선생님의 대화이다.

교사: 아무리 나쁜 사람이라도 자기 아들은 소중하게 여기는 법인데,

너의 아빠는 왜 네 꿈을 깼을까?

윤수: 아마 장래성이 없다고 생각하지 않았을까요?

---

29. 교육부, 〈행복한 교육〉 2018.8 p.68, 아이의 다락방 유신고 김서규 진로진학상담교사의 상담 사례 참조

교사: 너는 어떻게 생각하니?

윤수: (잠시 침묵) 그러고 보니 아빠 말이 맞을 수도 있어요. 제가 야구
　　　부에서 운동을 그렇게 잘하진 못했거든요. 계속했어도 별 볼 일
　　　이 없었을 수도 있겠네요(한참을 멍하니 있다).

교사: 윤수야, 너는 여태까지 아빠가 꿈을 꺾어서 4년간 억울하게 살았
　　　다고 했는데, 지금 판단하니까 아빠 말도 틀린 건 아니라고 생각
　　　하는 거네. 선생님 말이 맞니?

윤수: 그런 것 같아요.

교사: 자, 네 앞에는 두 가지 길이 있어. 아빠를 계속 원망하면서 화를
　　　내면서 살기, 그래서 내가 너의 억울한 이야기를 들어주고 공부
　　　안하는 이유를 이해하는 것, 두 번째는 억울함을 접고 지금부터
　　　새로운 미래를 찾아보는 것, 두 번째 길로 간다면 선생님이 적극
　　　도와주마. 앞으로 어떻게 하고 싶니?"

그 후로 윤수는 저녁에 요리를 배우러 다니고 낮에는 영어와 국어
를 공부하기로 했다. 아침에 학교에 오면 하루 중 가장 중요하고
시급한 일을 플래너에 기록하고, 그 일을 하는 데 걸리는 시간을
적고 하나씩 실천하기 시작했다. 또 수업을 따라가기 힘든 학과
시간에는 자신의 수준에 맞는 책이나 요리책으로 자습을 하는 것
으로 다른 선생님들의 양해를 얻었다.

　마음에 생채기 하나쯤 없는 사람은 아마 없을 것이다. 우리들
대부분은 자아의 상처를 조금씩은 지닌 채 살아간다. 보통의 상처
는 시간이 지나면 아물지만, 윤수처럼 화를 계속 품고 있으면 마

음의 상처는 꽤 오랫동안 남아 자아 성장을 저해한다. 따라서 내버려두지 말고 스스로 깨닫게 해서 치유할 수 있는 힘을 기르도록 도와야 한다. 사람은 스스로 깨닫기 전에는 잘 바뀌지 않는 법이다. 따라서 억지로 가르치기보다는 상대방에게 제대로 질문하고, 이야기를 경청함으로써 스스로 깨닫게 해주는 것이야말로 가장 좋은 가르침이 아닐까 싶다.

기발한 창의력을 이끌어낸 비밀은 'WHY?'

앞에서 우리는 소통을 이끌어내는 좋은 질문에 관해 살펴보았다. 그런데 질문은 상대의 깨달음을 이끌어내는 데도 참으로 효과적이다. 핵심은 질문을 통해 상대방의 마음속에 있는 해결책을 스스로 찾아내도록 하는 것이다. 제대로 된 질문이야말로 깨달음에 이르게 해주는 지름길이기 때문이다.

소크라테스는 질문을 통해 가르침을 설파했다. 그는 지식은 한계가 있지만, 지혜는 그 한계로부터 출발한다고 생각한 사람이다. 그래서 질문을 통해 지식의 한계를 넘어서도록 했다. 그의 질문법을 산파법이라고 하는데, 정의하면 질문을 받은 사람이 스스로 답을 찾을 수 있도록 도와준다는 뜻이다. 그는 질문이 또 다른 질문이 되어 돌아오는 질문을 통해 당대의 많은 사람들을 깨달음에 이르게 했던 것이다.

질문 하면 빠지지 않고 언급되는 것이 바로 유대인의 **하브루타**다. 하브루타는 짝을 이루어 서로 질문을 주고받으면서 공부한 것에 대해 논쟁하는 것을 말하는데, 핵심은 질문을 통한 깨달음에 있다.

질문은 유대인의 교육 방법에서 가장 특징적이다. 그들은 "너는 어떻게 생각하니?", "왜 그렇게 생각하니?"라는 식으로 끊임없이 묻고 또 묻는다. 유대인 두 명이 모이면 세 가지 질문이 나온다는 말이 있을 정도로 그들은 질문을 많이 한다. 이처럼 많은 질문과 토론을 통해 스스로 깨닫게 만드는 것이 그들의 전통적인 교육 방법이다. 이를 통해서 그들은 전 세계적으로 수많은 인재들을 배출했다. 전 세계 인구의 0.2~0.3%에 불과한 유대인이 노벨상 수상자의 32%나 차지할 정도니 말이다.

'이상한 기술은 찾는다면 이스라엘에 가라'라는 말이 있을 정도로 기발한 창의력을 가진 인재들이 많은 나라가 이스라엘이다. 1990년대 중반 히브리대학 유전공학연구실에서 방울토마토가 처음 태어났고, 인터넷 메신저 프로그램을 개발해 수억 달러를 벌어들인 것도 이스라엘의 벤처기업이 시초다. 사막 한가운데 바닷물을 끌어들여 김을 양식하기도 한다. 학교 자체 기술로 연구용 인공위성 테크샛(TECHSAT)을 쏘아 올린 테크니온공대는 이스라엘 핵심 이공계 인력의 70%를 배출해온 창의적 인재의 산실이다.

구글의 설립자 세르게이 브린과 래리 페이지는 모두 동갑내기 유대인이다. 둘 다 몬테소리 초등학교를 다녔으며 논쟁을 즐겼다고 한다. 그들 가족의 식사 자리는 늘 격렬한 토론의 자리였다. 둘은 스탠퍼드대학교에 진학했고, 그 두 사람의 멘토였던 라지브 모트와니 교수는 두 사람의 특징을 'Why' 라는 한 단어로 표현했다. 그들에 대해 "늘 질문하는 사람이었으며, 의문이 들면 그것에 관해 생각하고 해결하는 데 몰입했다"고 회고한다. 구글이 면접시험으로 뽑는 임직원은 늘 반역을 꿈꾸는 괴짜들이다. 세르게이가 계약담당 변호사를 뽑을 때 낸 문제는 '악마에게 내 영혼을 파는 것'을 주제로 30분 안에 계약서를 만들라는 것이었다. 실리콘벨리에 있는 구글 본사는 늘 '다른 세상을 꿈꾸는' 괴짜들의 열기가 온종일 뜨겁게 타오른다고 한다.

바로 정답을 요구하기보다 질문을 통해 깨닫게 하라

질문을 할 때는 주의할 점이 있다. 그건 바로 정해진 답만 요구하는 질문을 해서는 안 된다는 점이다. 때로는 아이들이 진지하게 질문에 답을 찾을 때도 있지만, 대개는 엉뚱한 질문이나 답으로 되받기 일쑤이다. 교실에서는 그 순간을 참지 못하고 화를 내거나 시간을 아끼는 차원에서 교사가 대신 답을 말해주는 경우가 많다. 하지만 그러면 아이는 자신의 생각을 이끌어낼 수 없다. 즉 더 이상 성장하지 못하고 거기서 멈추게 되는 것이다.

평소 남의 부탁을 잘 거절하지 못하는 희정이라는 아이가 있다.

워낙 거절을 못하다 보니 번번이 친구들의 청소를 대신해주었다. 그래서 상담을 하게 되었는데, 선생님은 희정이의 답답한 행동이 도무지 이해되지 않았다. 그래서 이렇게 말한다.

교사: 대신 해달라고 하면 싫다고 거절하면 되잖아!

희정: 그렇긴 한데 해달라고 하면 거절을 못하겠어요.

교사: 다음부터는 그냥 바쁘다고 해.

희정: 그건 좀…

위의 선생님에게는 거절이 쉬운 일일지도 모른다. 하지만 희정이에게는 그렇지 않았다. 그렇기 때문에 희정이는 선생님의 "싫다고 거절하면 되잖아!"라는 말을 듣고 순순히 "아~ 그럼 되겠네요. 참 쉽네요. 앞으로 그렇게 해볼게요."라고 받아들일 수 없는 것이다. 아마도 희정이는 속으로 이렇게 외치고 있을 것이다.

'그렇게 쉽게 거절을 할 수 없으니까 난처한 거란 말이에요!'

자신에게 너무나 일상적이고 당연한 행동이 다른 사람에게는 지극히 어려운 일일 수 있다. 소통이 상대방을 이해하고 존중하는 데서 출발해야 하는 이유다. 거절을 잘 못하는 사람에게 "거절하면 되잖아!"라고 하는 것은 상대를 부정하는 것과 다를 게 없다. 물론 선생님에게 희정이를 부정하려는 의도가 있었던 건 결코 아닐 것이다. 그렇지만 소통의 의미는 상대방으로부터 되돌아오는 반응에 있다. 즉 자신에게는 상대방을 부정할 의사가 없었다고 하더라도 상대방이 부정당했다고 느낀다면 결과적으로 좋은 소통이 이루어질 수 없다는 뜻이다.

아마 여러분도 좋은 뜻으로 조언을 건넸는데 역효과만 불러일으킨 경우가 종종 있을 것이다. '누가 부탁하면 거절을 잘 못한다'는 희정이에게는 '거절하라'는 조언보다는 스스로 깨닫게 해주는 것이 먼저다. 그 깨달음을 위해서도 질문은 효과적이다. 예컨대 다음과 같은 질문을 해보는 것이다.

교사: 희정아, 무슨 고민이 있니? 기분이 안 좋아 보여.

희정: 아니요, 별 일은 아니에요.

교사: 무슨 일이 있구나?

희정: 사실은 친구들이 청소를 대신 해달라는데 거절을 못 하겠어요.

교사: 그렇구나, 자주 그런 일이 있었니?

희정: 네, 친구들이 바쁜 일이 있으면 늘 저보고 해달라고 해요.

교사: 그래? 혹시 거절하면 어떻게 될까?

희정: 글쎄, 다른 애한테 해달라고 하지 않을까요? 아니면 자기가 빨리 하고 가던지…

선생님의 질문에 답을 하면서 희정이는 부탁을 받을 때 자신이 거절하면 상대가 대안을 찾는다는 것을 깨닫게 되었다. 즉 질문을 통해 자신이 이전에 미처 생각하지 못했던 것을 찾아낸 것이다. 질문을 통해서 스스로 깨닫게 해주는 것은 이미 많은 연구 결과에서도 증명된 바 있다.

우리가 언어로 표현하는 것에는 사실 많은 정보가 생략되어 있다. 예를 들어 누군가 "큰일이야!"라고 말하면 어떻게 대처할 것인가? 아마도 "무슨 일인데?", "왜 그래?"라는 질문을 건넬 것이다. 왜냐하면 "큰일이야!"라는 말에는 뭐가 큰일인지에 관한 정보가 생략되어 있기 때문이다. 그리고 뭐가 큰일인지를 모르면 더 이상 아무것도 할 수가 없다. 이처럼 문제해결의 관건은 말에 생략되어 있는 중요한 정보를 질문을 통해 복원하는 데 있다.

그런데 이때 주의할 점은 상대에게 곧바로 "왜?"라고 묻지 말아야 한다는 것이다. 자칫 상대로 하여금 질책을 받는다고 느끼게 할 소지가 있기 때문이다. 예컨대 부탁을 거절하지 못한다는 사람에게 다짜고짜 "왜?"라고 질문하면 상대는 '이 사람이 지금 나를 질책하는구나…'라고 느끼기 쉽다는 뜻이다. 그러다 보면 문제해결을 위한 깨달음보다는 일단 변명을 늘어놓는 데 급급해진다. 변명은 문제해결에 도움이 되지도 않을뿐더러 생산적이지도 않다. 물론 '왜?'라는 질문이 꼭 필요한 상황도 있겠지만, 상황에 따라서는 금기라는 점을 기억하자.

아이들의 삶과 동떨어진
말은 공허하다

"어리다고 무시하지 말아주세요!"

어른들 눈에는 아이들이 마냥 불안하고 불완전한 존재로만 보일지 모른다. 하지만 아이들은 그 자체로 이미 하나의 완벽한 인격체다. 아이는 부모의 소유가 아니며, 덜 자란 어른도 아니다. 아이들은 자기 삶의 주인이다. 그렇기 때문에 우리 어른들이 아이들을 아직 완성되지 않은 인격체 또는 지도하고 인도해야 할 대상으로만 바라보면 필연적으로 문제가 발생한다.

우리 사회 아동관의 특징은 아이들을 거의 전적으로 지적 발달의 관점에서만 바라본다는 점이다. 그와 연관된 또 하나의 특징은 성공 이데올로기와 결합되어 있다는 점이다. 지식 수용 주체인 아이들을 가족과 사회의 성공을 좌우하는 열쇠라고 보는 것이다.

이러한 아동관은 우리 아이들을 질곡에 몰아넣고 우리 사회의 진전을 가로막는 족쇄로 작용하고 있다.[30]

---

30. 〈어린이와 문학〉 김진경의 시사강연 내용 중 참조

단지 표현하는 데 서툴 뿐이다

아이들은 아직까지 삶 속에서 이성적이기보다는 직관적인 관점을 취한다. 따라서 그들을 대할 때는 논리가 아닌 진정성, 즉 진실하게 대하는 것이 중요하다. 특히 아이의 관점에서 바라보면서 그들의 삶의 언어로 말해야 한다.

아이들은 자신의 감정에 비교적 솔직하다. 그렇지만 그것을 표현하는 데 있어서는 아직 서툰 편이다. 누구나 스스로를 표현하고 싶어하는 욕망을 가지고 있다. 아이가 자신의 감정을 표현할 때 그것을 들어주는 사람도 나누는 사람도 없다면 그 아이의 삶은 정서적으로 피폐해진다. 아울러 성장하려는 의지도 잃게 되고, 나아가 희망마저 꺾이게 될 것이다.

아이가 자신의 감정을 표현하고 나눌 기회를 갖지 못하면 어떻게 될까? 아마도 마음을 굳게 닫아버리거나 아니면 역으로 외부에 대한 공격성을 드러낼지도 모른다. 정서장애를 가진 아이들의 상당수가 느닷없이 분노를 폭발시키며 폭력적으로 변하는 모습에서 짐작할 수 있다. 이들의 문제를 살펴보면 어른들과의 관계에서 원인을 발견하는 경우가 많다. 즉 부모나 선생님들이 아이들을 대할 때 사랑이 부족한 경우가 대부분이다.

반대로 아이가 사랑을 많이 받고 자라거나 공감을 자주 경험할수록 사회성이 발달하고 반대로 공격성은 줄어든다. 아이가 슬퍼하거나 힘들거나 서러워할 때는 일단 그 이유나 원인을 시시콜콜

따지기보다는 일단 그들의 눈높이에서 감정을 공감해주는 것이 가장 중요하다. 즉 당장에 필요한 말은 다른 그 어떤 충고의 말보다 다음과 같은 공감의 말인 것이다.

"그랬구나, 정말 힘들었겠다."

아이들의 눈으로 세상을 바라보라

아이들은 종종 물건이나 동식물에도 인격을 부여한다. 이러한 의인화는 어린아이들에게서 흔히 나타나는 모습이다. 예컨대 방울토마토를 절대 먹지 않는 아이도 있다. 이유는 불쌍하기 때문이라는 것이다. 이런 아이들에게 "그냥 먹어!"라고 강요하는 건 그들의 입장에서는 무정함의 극치이다. 그뿐만 아니라 자칫 정서적 학대가 될 수도 있다. 이럴 때 내가 권하는 방법은 논리만 앞세워 아이를 설득하려 하지 말고 눈높이를 맞춰 공감하며 말해주는 것이다. 예컨대 토마토는 우리의 몸에 들어와 새로운 생명을 얻는다고 말해주는 것이다.

"토마토는 사람의 몸에 들어가야 새로운 생명이 되는 거란다. 그래서 이렇게 예쁘게 차려입고 기다리는 거야. 우리가 얼른 먹으면 토마토는 새 생명으로 다시 태어날 거야!"

이런 마음을 간직한 채 자라난 아이들은 자연을 친구로 여기는 사람이 될 것이다. 자연을 함부로 대하지도 자원을 낭비하지도 않을 것이다. 자연을 진심으로 사랑하는 사람으로 성장하는 것이다. 이오덕 선생은 아이들을 이해한다는 것은 아이들의 삶을 이해하는 것이라고 말씀하셨다. 그것은 곧 "마음으로 보라"는 것이다. 대상을 잘 안다는 것은 관심과 애정을 가진다는 것이다.

> 관심과 애정이 가 있는 자리, 그 자리는 곧 그 사람이 살아가는 자리요, 세계이다. 여기에서 우리는 또 다시 삶으로 들어왔다는 것을 깨닫는다.[31]

아이들의 삶을 제대로 이해하지 못하면 어떤 말도 제대로 해줄 수 없다. 아이들의 삶을 들여다보고, 그것을 함께 헤쳐 나갈 때 비로소 아이들의 삶 속으로 들어왔다고 할 수 있다.

억지로 정해진 틀에 맞추기보다 기다려주는 여유

나이가 어린 아이들일수록 세상만사가 자신을 중심으로 돌아간다고 생각한다. 그만큼 사고가 자기중심적이기 때문에 어떤 순간을

---

31. 이오덕, 《이오덕의 글쓰기》, 양철북, 2017

기억할 때도 어른들과는 다른 방식으로 기억하는 경향이 있다. 보고, 듣고, 맛보는 등의 직접적인 감각이 논리적, 추상적 사고에 우선하는 시기이기 때문이다. 아이들의 그림일기를 보게 되면 대체로 한 개의 사물을 그리는 것에서 시작한다. 예컨대 생일날 케이크를 먹은 아이는 그림일기에 케이크만 덩그러니 크게 그려놓는다. 아이에게는 생일날이라는 것보다 달콤한 케이크의 맛이 가장 강렬하고 선명하게 기억에 남아 있는 까닭이다.

어른의 시각에서는 단번에 아이의 생각을 정확히 읽어낼 수 없을 것이다. 물론 대충 짐작이야 가능하겠지만, 지레 짐작한 것을 말하는 대신에 아이에게 "케이크가 아주 맛있게 보이네."라고 말해주면 어떨까? 그러면 아마도 아이는 그림에서 표현하지 못한 자신의 이야기를 술술 털어놓을 것이다. 예컨대 어제 엄마의 생일이었다는 말부터 아빠가 생일을 까먹어서 엄마가 화낸 일 그리고 아빠가 뒤늦게 생일케이크를 사와서 모두가 생일축하 노래를 부르고 즐겁게 먹었다는 일 등등.

또 엄마에게 혼이 난 아이는 울고 있는 아이만 달랑 그리기도 한다. 눈은 아래로 깔고 있고 눈물이 뚝뚝 떨어지는 그림이다. 그림을 본 선생님이 "누군데 이렇게 슬피 울고 있니?"라고 물으면 아이는 사연을 이야기해줄 것이다. 아이는 오직 자신의 입장에서 아픈 기억만을 그린 것이다. 어른은 시간과 공간을 넘어 입체적으로 자신의 일상을 기억하고 자유자재로 기록할 수 있지만 아이들은 그렇지 않다. 하지만 표현이 서툴 뿐이지 기억 자체가 거기에만 머물러 있는 것은 아니다. 어른들의 공감과 위로의 과정을 거친다면 비로소 자신만의 완성된 추억을 간직하게 된다.

아이들은 그들의 언어로 기억하고 또 표현한다. 이것이 바로 때 묻지 않은 동심이라고 우리가 부르는 것이다. 그것을 가능하면 조화롭게 그리고 아름답게 채워주는 것이 우리 어른 그리고 교사의 역할이다. 아이들이 가진 삶의 원형질을 손상시키지 않으면서 순수한 마음에 상처를 입지 않고 성장할 수 있도록 도와야 한다.

그러기 위해서는 아이들의 기억에 어떤 변형을 가하는 일은 절대 삼가야 한다. 또한 정해진 틀에 끼워 맞추려고 하는 것도 해서는 안 된다. "좋다" 또는 "나쁘다." "이렇게 해봐라, 저렇게 해봐라", "이게 뭐니? 똑바로 그려야지."라며 일일이 참견하게 되면 그 순간부터 동심은 사라진다. 그리고 사라진 동심을 되돌리기란 거의 불가능에 가깝다.

우리 어른들의 눈에 아이의 그림이 도통 이상해 보여도 절대로 수정이나 보충은 하지 말자. 그리고 섣불리 아이 혼자만의 시간을 방해하지도 말자. 아이의 그림은 말이나 생각의 속도에 아직 미치지 못하지만 상관없다. 왜냐하면 머지않아 아이는 언어의 힘만으로도 세상에 없는 상상까지 그려낼 수 있을 테니까.

우리에게 필요한 것은 조급함을 버리고 그저 조금 기다려주는 것. 그리고 아이의 삶을 온전히 있는 그대로 받아들이고, 눈높이를 맞춰 공감해주는 것. 그런 것들이면 족하다. 그것이야말로 교사나 부모에게 꼭 필요한 미덕이라고 생각한다.

존댓말로 마음을 열어라

공감과 함께 연결시켜서 기억해두면 좋은 것이 있다. 그것은 바로 **존중**이다. 누군가와 눈높이를 맞추고 공감한다는 것은 결국 상대를 인정하는 동시에 그의 입장을 존중한다는 뜻이기도 하기 때문이다. 상대에 대한 존중 없이 눈높이를 맞춘다는 건 가식에 지나지 않을 것이다.

'존중'에서 빼놓을 수 없는 게 바로 예(禮)다. 예를 갖춰 말하는 것만으로도 상대에 대한 존중을 전달할 수 있다. 인도에서는 "나마스테"라고 말하며 두 손을 가슴에 모으고 고개를 숙여 인사한다. 이 말은 상대의 내면에 깃든 신을 존경한다는 의미이다.

일상생활에서 다른 사람에 대한 존중을 표현하는 가장 간단한 방법은 바로 **존댓말**이다. 존댓말은 말의 주체가 되는 사람이나 상대방에게 존중의 의미를 나타내기 위해 쓰는 말이다. 동방예의지국인 우리나라에서는 매우 중요한 언어습관이며, 과거 왕들도 자기보다 나이가 많은 신하에게는 경어를 썼다고 한다.

하지만 요즘은 존댓말이 예전처럼 자주 쓰이지 않고 있다. 가정이나 학교에서도 친근함을 이유로 존댓말보다는 반말을 더 자주 쓰는 경향이 두드러진다. 아마도 서구화된 생활의 변화가 언어습관에도 크게 영향을 미친 게 아닌가 싶다.

여기에는 허례허식에 치우친 우리의 전통 예법에 대한 반발 심리도 어느 정도 작용했을 것이다. 우리나라 말은 윗사람에 대한 경어가 다양하게 존재할 정도로 유난히 말의 위계질서가 강하게 작용하는 반면(즉 비상호적인 존칭), 다른 나라, 특히 서양의 말에서는 존댓말에서도 상호주의가 원칙으로서 작용하고 있다. 즉 윗사람에 대한 존중보다는 남과 거리를 두어 예를 표하는 공적이고 예의를 차린 말로써의 성격이 강하다는 뜻이다. 상대방이 존중하는 말을 쓰면 나도 존중하는 말을 쓰는 것이 사회 통념으로 받아들여지고 있다. 그렇기 때문에 서구화된 현대사회에서는 가족이나 친한 사이끼리 존댓말을 사용하면 오히려 너무 예절을 따진다거나 거리를 두려 한다고 오해하기도 한다.

격의 없이 친근한 것도 좋다. 하지만 요즘에는 이것이 지나쳐 서로가 서로에게 아무렇지도 않게 무례를 행하는 것처럼 보이는 것 같아 일면 씁쓸한 마음도 든다. 상대에게 예의를 전달할 수 있는 최소한의 형식은 갖추는 게 좋지 않을까?

존댓말로 표현하는 상호 존중의 미덕

예의를 갖춰 상대를 존중하는 것에 대해 사람들이 가진 불편하다는 편견은 윗사람에 대한 아랫사람의 태도라는 점도 작용한 것이라 생각된다. 사실 동양에서 존중은 전통적으로 아랫사람이 윗사람에게 행하는 것으로 인식되어왔다. 다음과 같은 순자의 말이 그 점을 뒷받침해준다.

임금은 백성을 이끄는 사람이고, 윗사람은 아랫사람의 모범이다.

그들이 이끄는 소리를 듣고 따르며 모범을 보고 움직이는 것이니,

소리가 들리지 않으면 백성이 따르지 않고

모범을 보이지 않으면 아랫사람이 따르지 않는다.

따르지 않고 움직이지 않으면 위와 아래가 서로를 떠받칠 수 없다.

그렇다면 윗사람이 비어 있는 것과 마찬가지이니

이보다 좋지 않은 조짐은 없다.

따라서 윗사람은 아랫사람의 바탕이다.

그러나 존중은 윗사람보다 아랫사람을 향해 이루어질 때 더 큰 빛을 발하게 된다. 존중이 통용되는 사회에서는 서로 다른 견해나 행위들이 공존하는 균형 사회로서, 그런 상태가 유지되려면 서로를 이해하고 존중하는 사회적 분위기가 마련되어야 한다. 따라서 존중은 사회통합과 발전을 위한 기본 덕목이라고 할 수 있다.

우리나라에서는 전통적으로 이러한 상호 존중을 미덕으로 삼아 왔다. 실제 역사에서도 이러한 사례를 어렵지 않게 찾아볼 수 있다. 이순신 장군을 천거한 유성룡은 일찍이 이순신이 병사를 존중하는 태도를 통해 이순신의 면모를 간파하기도 했는데, 이는 《징비록》에서도 확인할 수 있다. 그는 다음과 같이 기록했다.

일찍이 이순신은 한산도에 머무르고 있을 때 운주당이라는 집을 지었다. 그는 그곳에서 장수들과 함께 밤낮을 가리지 않고 작전을 논하면 지냈는데 계급이 낮은 졸병이어도 군사에 관한 내용이라면 언제든지

와서 자유롭게 말할 수 있게 했다. 그러자 모든 병사가 군사에 정통하게 되었으며, 전투 시작 전에 장수들과 계책을 함께 논의하여 결정한 까닭에 싸움에서 패하는 일이 없었다.[32]

상호 존중의 미덕은 우리나라의 과거 언어습관에서도 그대로 드러난다. 예컨대 부부 간에도 서로 반말을 사용하지 않았고 '하오체'를 사용하며 서로 존중했다. 스승과 제자 사이에서도 마찬가지다. 퇴계 이황 선생은 자신보다 26살이나 어린 기대승과 논쟁을 벌일 때에도 절대 반말을 사용하지 않았다고 한다. 근대에 이르러 소파 방정환 선생은 아이들을 하나의 인격체도 존중해야 한다는 뜻이 담긴 '어린이'라는 말을 사용했다. 심지어 우리 조상들은 자연을 존중하는 의미에서 '비가 온다'고 하지 않고, '비님이 오신다'로 표현했다. 그러나 아쉽게도 이러한 좋은 언어습관은 근래에 와서 많이 사라져가는 모양새다.

하지만 최근 들어 다시 서로를 존중한다는 의미에서 부부 간이나 가족 간에 존댓말을 사용하는 사람[33]이 점차 늘고 있다고 한다. 학교 현장에서도 학생들의 학교폭력을 예방하고 학생들의 자존감을 높여주기 위해 존댓말 사용하기를 실천하는 교사의 미담이 종종 소개되곤 한다.

---

32. 유성룡, 《징비록》, 〈지옥의 전쟁, 그리고 반성의 기록〉, 서해문집, 2003

33. 배우 최수종은 아이가 태어나면서 가족 간에 존댓말을 사용하기 시작했다고 한다. 처음에는 어색했으나 지금은 아주 자연스럽다고 말한다.

장월초등학교 강지영 선생님은 "오늘도 발표 잘 하셨습니다!"라며 학생들끼리도 존칭을 쓰도록 한 결과 기대 이상의 효과를 보았다고 한다. 폭력 사건이 사라지고, 아이들 간의 작은 다툼도 5분의 1 수준으로 줄어들었다며, 아이들 스스로 서로 아끼고 배려하는 모습을 보일 때가 가장 뿌듯하다고 말했다.[34]

미담 사례에서 보듯 존댓말을 쓰면 스스로를 소중한 존재로 느끼게 되고, 그로 인해 다른 사람들까지 존중하고 배려하는 모습을 보인다. 서로 존댓말을 사용함으로써 친밀감을 낮추기는커녕 오히려 더 높인 것이다. 윗사람이 아랫사람에게 존댓말을 사용하는 것은 권위를 낮추는 것이 아니라 존중의 마음이 더해져 오히려 자신의 권위를 더 높이는 결과를 가져온다.

여러분도 교실에서 아이들과 함께 서로 존댓말을 쓰는 연습을 해보면 어떨까? 서로가 서로를 존중하는 가운데 아이들의 입장을 좀 더 잘 이해하게 될 것이다. 그렇게 눈높이를 맞추다 보면 어느새 아이들의 마음도 활짝 열릴 것이다. 그렇게 열린 마음에 던지는 교사의 말 한마디는 아이들에게 더욱 큰 힘을 발휘하게 될 거라 믿어 의심치 않는다.

34. 유현진 기자, 《문화일보》 2013.5.23. 29면

때론 말하지 않아도
더 강렬한 메시지가 전달된다

"침묵으로 말해요!"

첫인상을 좌우하는 것은 말보다는 눈으로 보이는 그 사람의 이미지가 훨씬 더 큰 영향력을 끼친다는 것이 정설이다. 이를 가리켜 '메라비언의 법칙(7-38-55의 법칙)'이라고 하는데, 상대방에 대한 인상이나 호감도를 결정하는 데 있어서 말이 7%, 목소리가 38% 표정이나 몸짓과 같은 시각적인 이미지가 55%의 영향을 미친다는 이론이다. 한마디로 '말의 소리'보다는 '행동의 소리'가 더 영향력이 크다는 뜻이다.

첫인상을 좌우하는 시각적 요소

메라비언 법칙은 인상의 형성에서 여러 요소들이 갖는 비중을 연구한 앨버트 메라비언이 1971년에 펴낸 《침묵의 메시지(Silent Message)》에서 제시한 이론이다. 이 이론에 따르면 인상을 형성하는 데 있어서 음성언어가 차지하는 비중은 고작 7%에 불과하고, 나머지는 음색·어조·목소리 등의 청각 정보와 눈빛·표정·몸짓 등 시각적 요소 등 **비언어적 요소**가 93%를 차지한다고 한다.

그런데 메라비언 법칙은 교단에서 아이들을 만날 때도 적용된다. 사실 아이들과의 첫 만남에서 말이 아닌 태도, 즉 비언어적 요소가 서로 간의 인상을 결정짓는다. 그만큼 아이들을 웃는 얼굴로 맞이하느냐, 아니냐가 중요하다는 뜻이다. 웃는 얼굴은 그렇지 않은 얼굴보다 당연히 호감을 높일 것이다.

나는 기회가 있을 때마다 교단에 처음 서는 후배들에게 항상 웃는 얼굴로 아이들을 맞으라고 권하곤 한다. 왜냐하면 나 자신이 초임 시절에 그러하지 못했기 때문이다. 사실 그때는 웃을 여유도 없었을 뿐만 아니라, 선배 교사들로부터도 처음부터 웃으면 앞으로 그 반을 운영하기가 무척 힘들 거라는 충고를 들었기 때문이었다. 요즘에도 교직사회에 그런 이야기가 남아 있는지는 모르겠지만, 당시만 해도 처음 한 달만 웃지 않으면 일 년이 속 편하다는 속설이 지배적이었다. 처음부터 웃으면 선생님을 만만하게 본 아이들이 말을 잘 듣지 않는다는 이유였다.

하지만 나의 경험을 돌아보면 그야말로 속설에 지나지 않을 뿐, 그다지 맞지도 않는 충고였다. 다만 그때는 선배들의 그 말을 곧이곧대로 믿었으니, 지금 생각하면 그저 얼굴이 붉어질 따름이다. 경험적으로는 오히려 처음부터 웃으면서 아이들을 대할 때 훨씬 좋은 결과로 이어졌다.

말보다 앞서 무심코 튀어나오는 비언어적 요소들

비언어적 요소와 언어적 요소가 합치될 경우 호감은 높아지고 신뢰는 강화된다. 그렇지만 비언어적 요소와 말이 다를 경우에는 부정성이 증폭된다. 말로 아무리 신뢰를 전해도 태도가 의심스러우면 아이들은 더 이상 믿을 수 없다고 판단하고, 이후 그 판단을 쉽게 바꾸지 않는다. 사람과 사람의 만남에 있어서는 그만큼 비언어적 요소가 신뢰도에 영향을 미치기 때문이다.

비언어적 요소는 말과 달리 **통문화적**이다. 쉽게 말해 어디에서든 통한다는 뜻이다. 예컨대 사람들이 엄지손가락을 치켜드는 것은 일반적으로 좋다는 뜻을 나타낸다. 손가락 두 개로 V를 나타내는 것은 승리의 의미로 통한다.[35] 또 손바닥을 내보이는 것은 정직하고 진실하다는 뜻이다. 반대로 거짓말을 하게 되면 손을 호주머니에 넣거나 팔짱을 끼며 손바닥을 감추게 된다. 아이들만 해도 그렇다. 뭔가 거짓말을 하거나 숨길 게 있으면 무심코 손을 등 뒤로 감추곤 한다. 본능적으로 나오는 행동이라서 상대도 그것을 쉽게 눈치챈다. 이처럼 비언어적 표현은 꼭 말로 하지 않아도 전달되는 소통의 수단으로 널리 통용된다. 그러므로 아이들과 원활하게 소통하려면 그들만의 문화를 이해하고, 그들의 비언어적 행동에도 주의를 기울이는 것이 중요하다.

---

35. 그러나 상대에게 손등을 내보이는 브이(V)는 중동이나 호주에서는 모욕으로 받아들이기 때문에 조심해야 할 행동이다.

우리가 하는 말에는 우리 자신이 의식하고 있는 것만 담고 있지 않다. 그렇기에 부지불식간에 의도와 상관없이 쓸데없는 말이 불쑥불쑥 튀어나오기도 하는 것이다. 그렇기에 말을 많이 하건 적게 하건 상관없이 늘 말은 우리의 의도와 어긋나게 마련이다. 우리의 말이 본래 의도와 다르게 전달되는 주요 원인은 언어가 가진 한계성에도 있지만, 좀 더 근본적인 것은 말하는 사람 자체에 있다. 우리의 몸짓, 표정, 자세, 어조 등은 말하는 사람의 감정과 의도를 부지불식간에 드러낸다. 만약 내가 뭔가를 말할 때 아이들이 알았다고 대답하면서도 화난 얼굴 표정을 하고 있다면 나는 어떻게 생각할까? 아마도 아이들이 내 말에 동의하지 않는다고 생각할 것이다. 반대로 환하게 웃는 얼굴로 대답한다면 내 말에 동의한다고 생각할 것이다.

이렇듯 우리가 말을 하는 동안 어쩌면 우리의 신체는 상대에게 말과는 전혀 다른 뜻을 무의식적으로 전달하고 있을 수 있다. 그리고 우리와 마주하고 있는 아이들은 이러한 우리의 신체언어를 본능적으로 해석하여 그 말의 진실 여부를 판단한다. 말보다 행동이 진실해야 하는 이유다.

말의 목적은 결국 상대의 마음을 움직이는 것

말의 가장 중요한 기능 중 하나는 의사소통의 수단이라는 점이다.

한마디 말로 자신의 의사를 상대에게 정확하게 전달하고 설득시킬 수 있다면 그보다 더 좋은 것은 없을 것이다. 그러나 말이 쉽지 그게 어디 쉬운 일인가? 시중에 소개된 다양한 대화의 기술은 저마다 한마디 말로 상대를 설득할 수 있다고 장담하는데, 사실 핵심은 기술 그 자체가 아니다. 설득의 목적은 단 하나, 상대의 마음과 행동을 움직이는 데 있다.

성공적인 의사소통의 토대를 최초로 제공한 사람은 아리스토텔레스였다. 아리스토텔레스에게 말하는 법은 기술이었다. 요구하지 않으면 대부분의 사람이 하지 않을 일을 하게 하는 기술, 그것을 그는 설득이라고 했다.

> 설득은 상대방, 즉 청중이 당신의 생각이나 제안에 무관심하거나 반대의 깃발을 든다. 그들에게 당신의 관점을 이해시키고 당신의 말을 믿도록 하는 게 중요하다. 설득의 목적은 단 하나 청중을 당신의 생각을 수용하도록 하는 것이다.

하지만 자세히 살펴보면 그저 기술적 측면만 강조한 것이 아니다. 아리스토텔레스는 남을 설득하려면 3가지 요소, 즉 에토스(인격), 파토스(정서적 호소), 로고스(논리)가 필요하다고 봤다.

먼저 **에토스**는 말하는 사람의 인격과 관련이 있다. 믿을 만한 말은 공신력이 있어야 하는데 이는 듣는 사람의 마음속에 있어야 한다. 그러므로 말하는 사람은 청중에게 신뢰감을 줄 수 있어야 한다. 또한 에토스는 사람한테서 발산되는 '진심'을 나타낸다.

두 번째 **파토스**는 듣는 사람이 느끼는 감정과 관련이 있다. 말하는 사람이 듣는 사람의 감정을 움직여야 비로소 설득이 가능하다. 한마디로 공감을 이끌어내야 설득이 가능하다는 뜻이다.

마지막으로 **로고스**는 실제로 하는 언어, 즉 말인데 이는 단어 선택이나 일화, 예시, 사실의 논증과 관련된다. 이는 자신의 관점을 논리적으로 전달하고 듣는 사람을 이해시키는 데 중요한 역할을 한다.

아리스토텔레스는 이 세 가지 요소가 고루 조화를 이루어야 한다고 했는데, 그중에서도 로고스를 가장 중요한 요소로 보고 에토스와 파토스는 부차적인 요소로 보았다.

그러나 요즈음은 어떠한가? 아마도 에토스가 가장 중요하고 파토스가 그 다음, 마지막이 로고스일 것이다. 신뢰가 형성된 다음에라야 마음이 움직이고 말이 통하는 것을 우리는 이미 경험적으로 알고 있다.

에토스는 공신력, 즉 말하는 사람의 진심과 관련이 있다. 공감 능력을 기르려면 진심이 꼭 필요하지만 그저 진실하다는 것만으로는 부족하다. 왜냐하면 궁극적으로 공감은 신뢰를 바탕으로 하기 때문이다. 그런데 보편적인 관계에서 생각해보면 신뢰는 중요하지만, 상대의 행동과 태도에 따라 민감하게 변화할 수 있다. 즉 영구적인 것은 아니고 때론 높아질 수도 반대로 낮아질 수도 있다는 뜻이다. 그래서 진심이 중요하다. 꾸준히 참된 진심을 보이면 결국 신뢰도 조금씩 쌓인다. 서로에 대한 신뢰가 계속 쌓이면 그 관계는 더더욱 돈독한 관계로 발전할 것이다.

파토스는 흔히 말하는 공감에 해당한다. 공감은 타인의 감정과 생각, 상황을 식별하고 이해하는 능력이다. 공감은 머리뿐만 아니라 가슴으로 듣는 능력이다. 교사로서 아이들과 좋은 관계를 맺고 싶다면 바로 이런 기술들을 연마해야 한다. 이런 기술들은 그저 특정한 테크닉의 습득을 의미하는 것이 아니다. 상대를 대하는 보다 근본적인 마음가짐이나 자세를 의미하는 것이다.

말하지 않아도 결국 진심은 통한다

행동과학에서 의사소통을 원활하게 하고 다른 사람을 설득하는 데 꼭 필요하다고 자주 언급되는 두 가지 자질이 있다. 그것은 바로 공감과 진심이다.

최근에는 **감성지능**이라는 이름으로 많이 쓰이며, 이것이 중요한 성공지표로 강조되고 있다. 감성지능은 크게 대인관계지능과 자기이해지능으로 구분하여 말한다. 감성지능을 간단히 정의하면 자신과 타인의 감정을 잘 이해하고 이를 적절하게 조절하여 원만한 인간관계를 구축할 수 있는 마음의 능력으로, 가드너가 제창한 9가지 다중지능 중 여섯 번째와 일곱 번째에 각각 위치한 대인관계지능(Interpersonal intelligence)과 개인내적지능(Intrapersonal intelligence)에 기초를 두고 있다.

대인관계지능은 다른 사람에 대한 이해, 상대방의 감정을 인식하고 느낄 수 있는 능력이고, **개인내적지능**은 자기 자신의 생각과 느낌, 정서 등 개인의 감정을 스스로 인식하는 능력이다. 1990년, 감성지능을 연구해온 메이어(J.Mayer)와 셀로비(P.Salovey)는 기존의 이성적 지능에 대비되는 개념으로 정서지능(El : Emotional Intelligence)이라는 용어를 사용했다. 최근에는 지능지수를 뜻하는 IQ에 상대되는 개념인 EQ(Emotional Quotient)로 사용된다. 이를 우리말로 옮기면 '감성지수', '정서지수' 등이 된다.

감성지능에서 주요하게 여기는 개념으로는 도덕지능(Moral intelligence)을 빼놓을 수 없을 것이다. 도덕지능이란 '남의 아픔과 고통을 함께 느끼고 먼저 배려하며 위로할 줄 아는 마음, 내 문제나 고통보다 남을 먼저 생각할 줄 아는 마음 씀씀이'라고 정의되고 있다.[36]

감성지능 이론에서는 그동안 상대적으로 소홀했던 '자신의 감정'에 대해 먼저 이해하라고 권한다. 왜냐하면 자신의 감정을 먼저 이해할 수 있을 때 상대방의 감정을 진심으로 이해하고 공감할 수 있기 때문이다. 우리 교사들도 항상 말하기의 테크닉보다는 공감과 진실의 미덕을 기억했으면 한다. 이것이 교실에서 자유로운 소통의 문을 열어줄 것이다.

---

36. 〈교학상장〉 http://blog.naver.com/uniloverse/221340755800

침묵으로 가르쳐라

때로는 직접 말로 하는 것보다는 침묵으로 전달하는 것이 상대를 설득하는 데 더 큰 위력을 발휘하기도 한다. 《침묵으로 가르치기》라는 책을 보면 다음과 같은 내용이 나온다.

> 말은 아이들에게 행동을 하게 만드는 환경요소 중 가장 효과가 떨어진다. 예를 들어 '방안에 있어!'라고 명령하느니 아예 문을 잠가버리는 게 훨씬 효과적이다. '나가서 뛰어 놀아라!'라고 백날 잔소리를 해봐야 직접 뒤뜰에 그네를 매달아주는 것만 못하다. 때에 따라서는 백 번 잔소리하는 것보다 환경의 구조를 설계하는 게 보다 효과적이라는 것이다. 부모든 교사든 자라나는 청소년의 성격을 올바르게 길러주고 싶다면 주변의 환경을 만들어주는 방법이 최선이다.[37]

말은 행동을 능가하지 못한다. 만일 여러분이 아이들에게 책을 많이 읽게 하고 싶다면 어떻게 하는 것이 좋을까? 흔히 하는 대로 "책은 마음의 양식이니 많이 읽을수록 좋다."고 거듭 말해준들 아마도 큰 효과는 없을 것이다. 차라리 선생님이 먼저 책을 읽는 모습을 보여주는 것은 어떨까? 말만 하는 것보다 조금은 효과가 있을 것이다. 그런데 그것만으로는 부족하다. 좀 더 적극적인 방법으로 아이들 가까이에 재미있는 책을 가져다놓고 그 책을 읽어주

---

37. 도널드 L. 핀켈, 《침묵으로 가르치기》(문희경 옮김), 다산초당(다산북스), 2010

거나 책에 관한 이야기를 들려주면 어떨까?

예전에는 교사가 책을 읽기만 해도 아이들이 따라 읽었다. 예전이라고 하면 대체 언제 적 이야기를 하는 건지 궁금할 것이다. 대략 스마트폰이 나오기 전까지만 해도 그랬다는 뜻이다. 그러나 요즘의 아이들은 교사가 아무리 옆에서 책 읽는 모습을 보여주어도 여간해서 따라 읽지 않는다. 그렇다 해도 노력은 해보자. 우선 교실 환경을 바꿔보는 것이다. 교실에 아이들이 좋아하는 재미있는 책을 가져다놓고, 선생님이 책에 관한 이야기를 들려주면 호기심이 생겨서 책에 관심을 보이기 시작한다. 일단 책 읽는 분위기가 만들어지면 그때는 말하지 않아도 자발적으로 찾아 읽는다. 저절로 책 읽는 교실이 만들어지는 것이다.

이렇듯 아이들은 말보다 말하지 않는 것들로부터 더 많이 영향을 받는다. 나 역시 인생에 있어 가장 큰 가르침은 경험에서 얻었다고 생각한다. 아이들에게 교실에서 가르치는 말보다는 경험을 쌓게 해주는 것이 더 효과적이라는 믿음은 여기에서 비롯된다. 환경과 행동이 그만큼 중요하다는 뜻이다.

뻔한 말보다 강력한 경험의 힘

이제부터는 가르침의 기본이 말이라는 생각은 조금 바꿔보면 어떨까? 예로부터 위대한 스승은 그저 말로 가르치는 사람이 아니었

다. 오히려 침묵으로 가르치는 사람들이었다. 장자에 나오는 왕태도 그런 스승이었다.**[38]**

노나라에 왕태라는 사람이 있었는데, 형벌을 받아 발 하나가 잘린 사람이었다. 왕태를 따르는 사람의 수는 공자를 따르는 사람의 수와 맞먹을 정도였다. 공자의 제자 상계(常季)가 공자에게 묻기를 "왕태는 외발인데 따르는 자가 선생님의 제자와 노나라를 반씩 차지하고 있습니다. 서서 가르치는 일이 없고, 앉아서 토론하는 일도 없다는데, 사람들이 텅 빈 채로 찾아가서 가득 얻어 돌아온답니다. 정말 '말로 하지 않는 가르침'이라는 것이 있습니까? 몸이 불구지만 마음은 온전할 수 있습니까? 그 사람이 도대체 누구입니까?"

그러자 공자가 이렇게 대답하였다. "그는 성인이다. 나도 꾸물거리다가 아직 찾아뵙지 못했지만, 앞으로 스승으로 모시려고 하는데, 나보다 못한 사람들이야 말할 것이 있겠느냐? 어찌 노나라 사람들뿐이겠느냐? 나는 온 세상 사람을 이끌고 그분을 따르려고 한다. 사람이 흐르는 물에 제 모습을 비춰볼 수 없고, 고요한 물에서만 비춰볼 수 있다. 고요함만이 고요함을 찾는 뭇사람의 발길을 멈추게 할 수 있다."

이 이야기는 장자의 창작물이다. 그렇다면 장자는 공자의 이야기를 통해 우리에게 어떤 가르침을 주려고 한 것일까? 그 가르침이란 바로 이런 것이다. 덕이 충만했던 왕태의 가장 큰 특징은 혼

---

38. 《장자》 5편 〈덕충부〉에 나오는 이야기다

들리지 않는 마음인 '고요함'에 있다. 그야말로 맑은 거울 같은 마음을 가졌기에 사람들이 자신의 모습을 그에게 비추어보기 위해서 모인 것이다. 왕태는 가르치려 한 것이 아니라, 그저 자신의 삶을 바로 하고 고요히 멈춰 있기만 하였을 뿐인데도 사람들은 왕태에게 자신을 비춰보고 삶을 바로 살기로 결심한 것이다. 그야말로 최고의 가르침이 아닐 수 없다.

오직 비춰봄으로써 왕태와 같아진다. 왕태는 사람들에게 삶을 바로 살라고 말하지 않을 뿐만 아니라 자신에게서 배우라고도 말하지 않았다. 그저 고요히 있을 뿐…

말로만 가르치는 것은 금세 사라진다

한 번 우리의 학창시절을 떠올려보자. 수업시간에 선생님의 설명을 듣고 집에 가서 혼자 교재를 보면서 공부했을 것이다. 선생님의 설명을 들어야 뭔가 제대로 배운 것 같았다. 이렇듯 우리나라 교육에서는 교사의 '말로 가르치기'가 가장 중요한 행위로 기능해왔다고 해도 틀린 말은 아니다.

그러나 지식의 전달이라면 모를까 말로 가르치기가 교육의 전부일 순 없다. 선생님이 말로 가르치는 것은 금방 머릿속에서 사라지기 때문에 학생들은 선생님의 말을 공책에 옮겨 적어서 남겨둔다. 그러나 우리는 교육이 이렇게 쉽게 끝나는 게 아니라는 걸 잘 알고 있다. 그래서 가르친 말을 머릿속에 새겨 넣으려고 시험을 치게 한다. 일종의 확인 절차를 거치는 것이다. 그런데 5년이 지난 뒤 같은 문제로 시험을 치른다면 통과할 사람이 과연 몇 명이나 될까? 5년은 기억한 것을 까맣게 잊어버릴 정도로 긴 세월은 아니다. 그럼에도 불구하고 교육학자들의 연구에 의하면 강의로 전달한 지식은 머릿속에 그리 오래 남지 않는다고 한다. 우리 각자의 경험을 떠올려보더라도 학창시절에 수업에서 들은 내용 중 과연 얼마나 기억하고 있는가?

미국의 블리(D. A. Bligh)라는 학자는 "강의는 사실을 전달하는 데도 그다지 효과적인 방법이 아니다. 강사가 전달하는 내용이 학생들의 관심을 끌지 못할 뿐더러 학생들의 관심을 끌어낸다 해도 왜곡되기 때문이다"라고 했다.[39]

게다가 교육이란 단순히 지식을 가르치는 것이 아니다. 세상을 이해하고 살아가는 방법을 배우는 것이다. 융합이 대세인 4차 산업혁명 시대에 어느 누구도 아이들이 학교에서 자잘한 지식이나 배우면서 시간을 보내길 기대하지 않는다. 그럼에도 아직까지는 많은 교사들이 말을 통해 아이를 가르치는 데 의존한다. 말로 가르쳐서는 아이의 이해력을 효과적으로 향상시킬 수 없다는 사실을 간과하기 때문이다. 그래서 아이가 이해를 못하면 몇 번이나 되풀이해서 다시 말해주지만 안타깝게도 별 소용이 없다. 오직 말

39. 도널드 L. 핀켈, 《침묵으로 가르치기》(문희경 옮김), 다산초당, 2010

로만 아이가 바뀌리라고 기대하는 건 참으로 순진한 생각이다. 아이는 스스로 자기 문제를 이해하고 자발적으로 해결하려는 의지를 가질 때라야 비로소 변화하기 때문이다.

교사가 침묵할 때 오히려 활발해지는 배움

어떤 교사들은 학생들의 귀에 딱지가 앉도록 이렇게 반복해서 말하곤 한다.

> "내 말을 똑바로 들어라. 나에게서 배우라!"

자기가 알고 있는 것을 하나도 놓치지 않고 가르쳐주고 싶어하는 간절한 마음만큼은 충분히 이해가 된다. 하지만 이 말은 아이 귀로는 전달될지 몰라도 정작 아이의 마음을 움직이지는 못할 것이다. 교육을 하는 목표는 교사의 가르침 그 자체가 아니라 학생의 배움이다. 학생의 배움이 최종 목표이고, 교사가 아무리 열심히 가르친들 배움이 일어나지 않는다면 의미가 없다. 따라서 우리 교사들은 아이들이 배움에 이르게 하는 방법에 대해 항상 진지하게 성찰해보아야 한다.

여기에서 '침묵으로 가르치라'는 말을 인용한 것은 지금까지 가장 일반적인 방식으로 간주되어온 말로 가르치기라는 고정관념에서 벗어나 어떤 것들이 아이들에게 더 큰 영향을 미치는지를 한 번 돌아보라는 의미에서 사용한 것이다. 이를 통해 교육의 진정한 의미에 대해서도 다시금 생각해보자는 것이다.

사실 교사에게 침묵은 참으로 어려운 미션이다. 그럼에도 교사의 침묵은 매우 중요하다. 교사가 침묵하는 동안 학생들이 새로운 사실을 스스로 발견할 수 있기 때문이다. 학생들이 자율적으로 생각하고, 혼자의 힘으로 새로운 사실을 발견하고, 자신의 지적 능력에 자신감을 갖기 바란다면 침묵으로 가르쳐야 한다. 교사는 수업을 이끄는 것이 아니라 지켜보고 필요한 도움을 적절히 주는 존재가 되어야 한다. 교사가 침묵하면 학생들은 교사의 역할을 스스로 떠맡아야 하고, 좀 더 주도적으로 배움에 임하게 된다. 이는 학생들의 발달에 매우 중요하다. 학생들은 다음 과정을 거쳐야 제대로 배울 수 있다. 먼저 학생 나름의 언어로 이해하는 방법을 배운다. 다음으로 꾸준한 탐구를 통해 처음의 생각을 넘어서는 방법을 배운다. 마지막으로 교사의 권위에 주눅 들지 않고 학생의 권위에 따른 주장을 펼치는 방법을 배운다.

이 목표를 달성하려면 교사는 일방적으로 가르친다는 생각을 잠시 내려놓고 학생 스스로 노력하게 만들어야 한다. 도움은 꼭 필요할 때, 눈에 띄지 않게 자연스럽게 이루어지는 것이 좋다. 그래야 학생들이 스스로 배우려고 노력하고 스스로 탐구하는 법을 터득하게 되는 것이다.

혹시 교사가 자신의 일정한 권력, 즉 수업에서의 주도권을 내려놓으면 권위가 사라질까 염려된다면 전혀 걱정할 필요 없다. 권위는 사라지지 않는다. 오히려 교사가 학생들에게 수업권을 넘겨주고 민주적인 수업을 진행하는 게 학생들의 의식을 높이고, 아울러 참여도를 높여 스스로 배움을 증진시키는 효과가 있다.

존 듀이는 인간은 경험을 성찰하면서 배울 수 있고, 그것이 유일한 배움의 길이라고 확신했다. 교사가 말로 뭔가 가르치고 싶다면 이는 아이들의 경험이 전제되어야 한다. 만일 아이들이 경험하지 못했다면 성찰에 이르지 못할 것이다. 교사의 경험에만 기초한 강의는 교사를 성찰에 이르게 할지는 몰라도 아이들은 성찰과 멀어지게 된다. 교사의 역할은 아이들을 성찰에 이르게 하는 것이지 자신이 대신 성찰에 이르는 것이 아니지 않은가?

오직 말에만 의존한 교육은 아이들을 성찰로 이끌지는 못한다는 것을 기억했으면 한다. 경험을 제공하고 생각을 불러일으키자! 교육의 의미를 다시 생각해보기 위해서라도 우리는 침묵으로 가르친다는 말의 의미를 반드시 곱씹어볼 필요가 있다.

같은 말도 아이에 따라 다르게 받아들인다

"이것은 칭찬인가, 욕인가?!"

같은 말이라도 사람에 따라 다르게 전달되는 경우가 있다. 예컨대 나는 좋은 의미로 건넨 칭찬인데, 상대는 마치 빈정거림을 당한 것 같은 언짢은 느낌을 받기도 한다. 유머도 마찬가지다. 똑같은 유머라도 누구에게는 큰 웃음을 주지만, 어떤 사람에게는 "이게 말이야, 방구야?" 하며 외면당하는 때가 있다. 이처럼 상대가 누구냐에 따라서 말의 흐름이나 대화의 깊이는 달라지게 마련이다.

알고 말하는 것과 모르고 말하는 것의 차이

우리가 누군가에게 말을 할 때는 우선 상대를 잘 파악해야 하고, 상대에게 맞게 말할 필요가 있다. 강의나 발표, 대화, 토론, 상담 등 모두 마찬가지다. 상대가 누구이며, 어떤 상태에 있는지를 고려해야 한다. 우선적으로 고려해야 하는 것은 상대가 어떤 집단에

속해 있는가이다. 학생, 교사 또는 학부모인가에 따라 어휘의 선택, 말하는 방식이 달라져야 한다. 다음으로 그들의 관심사나 기분 상태를 살펴보아야 한다. 예컨대 관심이 있어서 자발적으로 온걸까? 아니면 억지로 끌려온 것인가도 사소한 것 같지만 고려하고 말하는 것과 전혀 모른 체 말하는 것은 천양지차다.

친한 친구가 얼마 전에 겪은 일이다. 사람들에게 강의를 하고 있었는데, 조는 사람, 핸드폰만 만지작거리는 사람, 옆 사람과 떠드는 사람 등 도무지 산만하기에 안 되겠다 싶어 분위기를 반전시키려고 농담을 던졌다. 그런데 이것이 화근이 된 것이다. 가뜩이나 강의도 못마땅한데 유머랍시고 던진 말이 오해를 불러일으킨 모양이다. 청중 대부분이 여성이었는데 성적 농담이 지나쳤던 것이다. 누군가의 희생을 전제로 하거나 상대를 불편하게 하는 농담은 안 하는 것만 못하다. 사과하라는 성화와 항의가 빗발쳐 강의를 중단하고 해명하느라 진땀만 뺐다고 한다.

방송인 강호동은 연예대상 수상 소감에서 "웃기는 사람이 되어야지, 우스운 사람이 되어선 안 된다."는 말로 자신의 유머철학을 이야기했다. 상황에 맞지도 않는 농담을 해봤자 그야말로 '우스운 사람'이 되는 것이다. 유머보다는 차라리 솔직하게 접근했어야 했다.

"여러분, 제 강의가 솔직히 별로 재미없지요? 하지만 여러분께 꼭 전달하고 싶은 것들이 있어 저도 나름대로 준비를 많이 했습니다. 지루하고 졸리더라도 조금만 참아주세요. 저도 남은 시간 최선을 다하겠습니다!"

차라리 이렇게 솔직하게 인정하면서 자신의 사정을 설명하고 양해를 구했더라면, 섣불리 던진 농담을 수습하느라 아까운 시간을 허비하지 않아도 되었을 것이다.

상대의 첫인상과 행동패턴을 파악하는 3초의 법칙

소통은 상대가 있기 마련이고, 그 상대의 상태를 잘 관찰하고 그 마음을 헤아리는 것이 가장 기본이다. 그런 점에서 상대의 감정이나 성격을 잘 파악하고 있어야 한다. 여기에는 '3초의 법칙'이 작용한다. 사람의 첫인상과 행동 패턴을 나타내는 데 주로 쓰는 '3초의 법칙'은 누군가를 처음 대할 때 최초 '3초' 동안에 보는 이미지가 그 사람에 대한 인상과 그 다음 행동을 결정한다는 의미를 지니고 있다. 일명 '첫인상 효과'라고도 하는데, 한번 고정되면 60번을 만나야 겨우 바꿀 수 있다는 연구 결과도 있을 정도여서 그 단단함에 빗대어 '콘크리트 법칙'이라고도 불린다.

드라마 〈사랑비〉에서 바람둥이 남자 주인공(장근석)은 여자 주인공(윤아)의 3초 눈빛 교환에 오히려 그녀에게 홀딱 반한다. 실제로도 상대를 파악하는 것은 매우 즉각적으로 이루어진다.

상대에 따라서는 또 다른 '3초의 법칙'이 필요하기도 하다. 화가 나는 상대를 만났을 때 내가 하려고 하는 것을 3초간 생각하는 것이다. 데이비드 폴레이는 《3초간》이라는 책에서 3초 동안 3단계로 대처하라고 주문하는데, 1단계는 스스로에게 질문하기, 2단계는 미소 짓기, 3단계는 주의 돌리기다. 이 중 가장 중요한 것은 바로 1단계다.[40] 화를 내고 싶은 감정이 솟구칠 때 지금 하는 행동이 도움이 될 것인지 생각하고 판단하라는 것인데 물론 쉽지는 않다. 내가 하려던 일이 무엇이었는지 3초만 생각해봐도 극단적인 분노의 감정은 사라지게 된다.

나와 가치관이 다른 사람과는 대화에 애를 먹기 쉽다. 살아온 생활습관의 차이부터 많은 부분이 다르기 때문이다. 예를 들어 다짜고짜 이렇게 말하는 사람이 있다고 하자.

"넌 맨날 고기냐? 좀 줄여!"
"빨간색 옷은 야한데 넌 왜 그걸 고집하니?"

고기를 많이 먹으면 몸에 해롭다는 것은 널리 알려진 사실이고, 사람에 따라서는 화려한 색의 옷을 야하다고 생각할 수도 있다. 그럼에도 면전에서 다짜고짜 이런 말을 듣는다면 기분이 좋을 리 없다. 누구나 자신의 취향을 부정당하면 기분이 언짢아지게 마련이다. 이런 경우 상대에게 돌아올 대답은 뻔하다.

---

40. 데이비드 폴레이, 《3초간》(신예경 옮김), 알키, 2011

"내 입 가지고 내가 먹는데, 네가 뭔 상관이야!"

"어이없네, 빨간색이 뭐가 어때서?"

이처럼 상대의 반발을 살 것이고, 자칫 분위기 자체가 험악해질 수 있다. 그렇다면 이렇게 가치관이나 취향이 서로 다를 때 감정을 상하지 않고 대화를 사이좋게 이끌 수 있는 방법은 없을까? 결론부터 말하자면 있다. 가장 중요한 것은 상대방의 가치관을 부정하거나 취향을 문제 삼기 전에 먼저 상대방의 가치와 취향을 인정하고 존중하는 것이다.

"나도 네가 고기를 좋아하는 건 잘 알지."

"네가 예전부터 유독 빨간색을 좋아하는 건 나도 잘 알지."

이렇게 먼저 상대를 인정하고 존중하는 뜻을 전달하는 것이 순서다. 그러고 나서 자신의 뜻을 제안해보는 것이다. 예컨대 다음과 같이 말이다.

"네가 좋아하는 건 알겠지만, 지금 고기를 생산하느라 환경을 오염시키고 있으니 먹는 걸 조금 줄이는 것도 좋지 않겠어?"

"오늘은 다소 보수적인 자리인데, 날씨도 덥고 하니 좀 더 시원한 색이 더 어울릴 거 같은데, 다른 사람들도 다 그렇게 입고 올 것 같고…"

먼저 자신의 취향을 존중을 받은 상대는 분명 당신의 뜻도 무시할 수 없을 것이다.

아이의 성향에 따라 달리 생각하고 말하다

상대의 입장에서 우선 생각해보고, 더 나아가 상대가 좋아하는 말, 싫어하는 말을 안다면 소통은 더욱 부드럽게 이루어질 수 있다. 예컨대 "너 참 특이하구나." 하는 말은 어떤 사람에게는 개성적이라는 좋은 의미로 들릴 수도 있지만, 또 어떤 사람에게는 비아냥거림의 의미로 들리기도 한다. 상대가 긍정적인 상태일 때는 긍정적인 대화가 이어지지만, 상대가 부정적인 상태일 때는 대화가 이루어지기 어렵다. 이에 교실에서 만날 수 있는 몇 가지 아이들의 문제행동 유형을 살펴보고 그에 따른 맞춤형 대응 방안을 제시해보려 한다.

자폐성향이 있는 아이, "적당한 거리감이 필요해요!"
새로 담임을 맡아 아이들을 살펴보면, 표정이 전혀 없고 말도 어딘가 어눌하고 억양도 단조로운 친구를 발견할 때가 있다. 말을 걸어보면 단답형으로 답하고, 친구들에 대해서도 무관심해 보인다. 예외가 있다면 자신이 관심이 있는 것에 대해서는 굉장한 지식이 있고, 이에 대해서는 끊임없이 말하고 싶어 한다는 점이다.

대체로 이런 아이들은 자폐기가 있다. 이런 친구들의 문제는 교실에서 대체로 고립되어 있고, 감정표현을 제대로 하지 못한다는 점이다. 따라서 교사는 아이들을 있는 그대로 인정하고 포근한 말로 대하는 것이 필요하다. 화를 내도 화를 낸 이유를 잘 알지 못하고 그저 자신을 싫어한다고만 생각하므로 화를 내봐야 무용지물이다. 웃으며 편하게 대하는 것이 좋고, 그들이 좋아하고 관심을 가지는 것에 대해 호감을 표하면서 꾸준히 감정을 학습시켜보자. 그러다보면 다른 사람의 감정도 조금이나마 이해하고 친구들과도 조금씩 어울리게 된다. 꾸준한 대화가 필요하지만, 그렇다고 너무 많이 하는 것도 좋지 않다. 이들에게는 자신만의 시간이 필요하고 적당한 거리를 유지해야 편안함을 느끼기 때문이다.

의심이 많은 아이, "난 좀 불안하답니다…"
사람을 잘 믿지 못하고 의심이 많은 아이도 있다. 자신이 잘못한 일에 대해서도 남의 잘못이라고 말하고 상대방이 자신을 험담한다고 끊임없이 이야기하는 경우다. 이런 아이들은 스트레스에 취약하고, 매우 불안해하기 때문에 특별히 말을 조심해서 해야 한다. 좋은 말이나 도와주려는 말조차 의심하기 때문이다. 혹시 교사를 의심하더라도 언짢아하지 말고 의심 받지 않는 말과 태도로 상대하려는 노력이 필요하다. 이런 성향의 아이들은 너무 잘해주어도 '왜 나한테 잘 해주지?'라며 의심하고, 너무 웃어도 자신을 비웃는다고 오해하므로 행동도 조심해야 한다. 상담전문가들은 이런 성향의 아이들에게는 원칙을 지키며 관대하게 대하라고 조언한다. 스스로가 불안해서 의심하는 것이므로 항상 마음 편히 대해주려고 노력하는 것이 좋다. 다만 밑도 끝도 없는 의심에 대해서는 거부의사를 명확히 밝히는 것도 필요하다.

내성적이고 낯을 가리는 아이, "두려운 게 많아요!"
매우 내성적이고 낯을 가리는 아이들도 있다. 대인관계에서 불안을 느끼는 성향의 아이들이다. 사람은 모두 이런 성향을 조금씩은 가지고 있다. 자신 없는 분야에서 막연한 불안감을 느끼는 것은 어찌 보면 당연하다. 이들은 대인관계나 대화에서 위축되고 자신감 없는 모습을 보인다. 대인관계에 자신이 없다 보니 혼자만 있으려고 한다. 이런 성향이 굳은 채 성인이 되면 '은둔형 외톨이'가 될 수 있다. 일종의 회피성 인격장애에 해당하는데, 심할 경우에는 치료가 필요하다.

이들은 수치심이 강하고 사람에 대한 두려움으로 가까운 사람과만 지내려고 한다. 다른 사람으로부터 거절당하거나 비판받는 상황을 매우 두려워하고 타인에 비해 스스로를 열등하다고 생각한다. 특히 낯선 상황이나 새로운 일에 대해 회피하려는 성향이 강하므로 이들에게는 적절한 칭찬이 꼭 필요하다. 생각보다 많은 장점을 가지고 있을 수 있으니 장점을 찾아 칭찬해주고 자신감을 가질 수 있도록 격려의 말을 많이 건네자.

특히 거절에 예민하므로 문제점을 바로 지적하기보다는 "이런 부분을 이용하면 전보다 훨씬 좋아질 거야."라던가 "이 점만 보완하면 매우 훌륭해."와 같은 식으로 장점도 함께 말해주는 것이 바람직한 대화 방법이다. 이들과 친해지려면 대단한 끈기가 필요할 만큼 쉽지는 않다. 그렇지만 꾸준히 칭찬해주고 편안하게 다가선 다면 분명 서서히 변화하는 모습을 보게 될 것이다.

융통성 없고 고지식한 아이, "내 원칙을 존중해주세요!"

가르치다가 간혹 실수를 하거나 진도와 조금 다른 이야기를 하면 "선생님, 그게 아닌데요."라거나 "진도 안 나가요?"라고 끼어드는 아이가 있다. 매우 원칙적이고 융통성 없는 성격의 소유자들이다. 이들은 성실하지만 일종의 강박증이 있어서 자기 원칙에 맞지 않거나 잘못된 것이 있으면 참지 못한다. 이런 아이들의 깐깐한 태도는 평소 다소 불편할지도 모른다. 그렇지만 위기 상황이나 뭔가 계획대로 일을 진행해야 할 때면 진가를 발휘하는 소중한 친구들이다. 준비에 철저하고 계획대로 일을 잘 처리하기 때문에 이런 때면 아낌없이 능력을 발휘한다.

이들에게 무시하는 발언은 최악이다. 자신이 무시당했다고 생각하면 상대를 더 이상 신뢰하지 않을 뿐더러 마음에 담아두고 오래도록 기억하기 때문이다. 이런 아이들은 장점의 칭찬이 중요하다. "네가 꼭 필요해!"라고 존재감을 인정해주거나, "이럴 때 어떻게 하면 좋을까?"라고 물어봐 주는 것을 좋아한다. 대신에 "그건 아니야."나 "틀렸어!"라는 식으로 의견을 바로 무시하는 말은 좋지 않다. 대신에 "네 말도 맞지만, 이런 방법도 있단다."라든가 "우선 네 방식대로 해보고 이런 방법도 있으니까 이렇게도 해보면 더 다양하지 않을까?"와 같은 식으로 이들의 의견을 존중하면서 다양성을 추구하도록 유도하는 것이 바람직하다.

공부 말곤 젬병인 아이, "혼자서 판단하는 게 힘들어요!"

공부는 잘하지만 친구도 없고, 잘 놀지도 못하고, 딱히 취미도 별로 없는 아이들이 있다. 대화를 해보면 말투가 또래에 비해 어리고 스스로 결정을 잘 내리지 못하는 편이다. 이런 아이들에게는 공통점이 하나 있다. 바로 아이에게 엄청 집착하는 엄마가 있다는 것이다. 이런 엄마는 겉으로는 매우 예의바르고 말도 곱게 한다. 그렇지만 그녀가 하는 말은 항상 공부나 성적, 대학과 관련이 있는 것들뿐이다.

> "착한 아들 힘내, 조금만 참으면 좋은 대학에 갈 수 있어!"
> "대학에 가면 그땐 네가 원하는 거 엄마가 다 하게 해줄게."

이런 아이들은 스스로 할 수 있는 게 거의 없고, 오로지 엄마가 시키는 것에만 충실하다. 자기 결정력을 상실한 상태로 의존성이 심하기 때문에 무슨 일이든 판단을 쉽게 내리지 못한다. 요즘 흔한 결정장애, 소위 마마보이, 파파걸이다. 이런 아이들에게 갑자기 독립심을 솟구치게 만들 순 없다. 따라서 처음부터 무리하게 네 스스로 판단하고 행동하라고 다그치면 곤란하다. 이미 오랫동안 부모에게만 의존해서 살아왔기 때문에 단박에 고치기는 쉽지 않다. "네, 생각은 어떠니?", "너의 속마음을 말해보렴." 하는 식으로 자신의 생각을 말하도록 자꾸 유도하고 작은 의견이라도 말한다면 이를 놓치지 않고 칭찬해주는 센스가 필요하다.

이상에서 살펴본 것처럼 같은 뜻을 전달할 때라도 아이의 특성에 따라 다르게 말해주는 노력이 중요하다. 교사의 이러한 노력이야말로 긍정적인 변화를 이끌어내는 소통의 지름길이다.

교사의 말이 바뀌면
아이들이 바뀐다

"앗, 우리 아이들이 달라졌어요!"

"말 한마디로 천 냥 빚을 갚는다"는 말이 있다. 이처럼 우리 선조들은 아주 오래 전부터 말의 위력을 경계하고, 높이 평가해왔다. 어디 빚뿐이랴? 말이 사람을 바꾸고, 그의 삶까지 바꾼다는 이야기는 이제 별로 놀라울 것도 없다.

그렇다면 말로서 사람이 바뀐다는 믿음의 근거는 무엇일까? 아마도 인간의 의식이 언어적 구조를 갖추고 있기 때문일 것이다.

우리의 존재와 행동을 좌우하는 말

아이들은 어른들의 말을 자동적으로 의식화한다. 언어화의 과정은 태어난 순간부터 아주 오랫동안 알게 모르게 진행되고, 모두가 가는 길이기에 외적인 압력으로 느껴지지 않지만, 어느새 우리 삶과 의식의 일부가 된다. 그리고 우리는 언어로 세상을 인식하고 언어의 순리에 따라 삶을 살아가게 된다. 우리가 삶에서 언어를 계속 사용하는 한 말의 힘에서 벗어나기는 힘들다. 따라서 언어가 바뀌면 자연스럽게 자신도 함께 바뀌지만, 이를 알아채기란 쉽지 않다. 하지만 결국 의식은 말이 인도하는 길을 따라간다.

언어의 힘은 다른 측면에서도 확인할 수 있다. 외부세계에 뭐라고 규정할 수 없는 것이 존재할 때 우리는 꼼짝도 할 수 없다. 즉 그것이 언어로 규정되기 전까지는 아무것도 할 수 없다는 뜻이다. 그만큼 언어는 우리의 행동에 절대적 힘을 행사한다. 외부의 대상은 우리가 언어로 규정하기 전까지는 거의 존재하지 않는 것이나 마찬가지다. 다른 사람이 자신의 이름을 불러줄 때라야만 그는 존재하는 것이 된다. 김춘수의 〈꽃〉이라는 시에서 "내가 그의 이름을 불렀을 때 그는 나에게로 와서 꽃이 되었다."는 구절은 너무나도 유명하지 않은가?

존재뿐만 아니라 우리의 행위에 대해서도 마찬가지다. 말하는 대로 이루어지는 것이다. 즉 할 수 있다고 하면 하는 것이고, 할 수 없다고 하면 할 수 없는 것이다. 나는 선생님이다. 교대를 졸업하고 처음 발령 받은 서울의 동쪽 변두리에 위치한 '서울망우초등학교'에서 시작해서 교사로서 40년 가까이 '선생님'으로 살아왔다. 이제 '선생님'은 또 다른 나의 이름이 되었다. 그리고 그 이름으로 불릴 때 가장 행복하다. 교장이 된 후에도 그냥 '선생님'이라고 불리는 걸 더 좋아했다. 그것이 내 존재를 가장 잘 설명해주는 이름이라고 생각하기 때문이다. 여러분은 어떤지 궁금하다. 어떤 이름으로 불릴 때가 제일 행복한가?

이름은 그 사람에 대한 인상을 전달하는 것이나 마찬가지다. 우리에게 선생님이라는 이름이 그러하듯 말이다. 물론 이러한 이름들은 나의 일부일 뿐 전체라고 할 순 없다. 그러니 이름에만 너무 연연하거나 고집할 필요는 없다. 하지만 그럼에도 불구하고 이름은 중요하다. 이름에 따라 그 인상이 고정되거나 때로는 전혀 다르게 왜곡될 수도 있기 때문이다.

번호 말고 이름을 불러주세요

사회 속에서 일정한 역할을 하고 다른 사람과 소통하기 위해서는 '이름'이 필요하고 다른 사람들 역시 그러하다. 우리가 한 아이를 만날 때는 그의 인생과 만나는 것이다. 따라서 그를 존중한다면 그에 맞는 이름을 불러주는 것이 마땅하다. 학창시절 수업시간에 이런 기억을 가진 분들이 많을 것이다.

"20번, 칠판 앞에 나와서 이 문제 풀어봐!"

선생님의 이 말씀이 떨어지기 무섭게 20번이라고 호명된 아이는 자리에서 일어나 칠판 앞으로 나갔다. 20번이 풀지 못하면 그 다음에는 25번이 호명될 수도 있고, 30번이 호명될 수도 있다. 요즘

에는 학생 수가 많이 줄어들어 이런 식으로 아이를 부르는 교사는 아마도 드물 거라고 믿는다. 하지만 혹시라도 아이들을 번호로 부르고 있다면 한번 생각해보자. 20번이라고 불린 아이는 자신의 고유한 개성을 모두 상실한 채, 단지 어느 반의 구성원 중 1명에만 머물게 된다. 한 아이가 학급이라는 인위적 집단의 구성원이라는 측면에서 보면 20번이라는 호칭은 얼핏 자연스럽게 들릴지도 모른다. 하지만 20번이라는 이름으로는 그 아이에 관해 그 어떤 것도 제대로 설명해줄 수 없다. 알다시피 아이들은 저마다 독립적 자아로 존재한다. 교육을 통해서 독립적 자아의 성장을 진정으로 돕고 싶다면 누구든 간에 학급의 구성원 중 1명이 아니라 그들 각자의 이름으로 불러주는 것이 마땅하다.

흔히 부르는 '학생'이라는 호칭도 그렇다. '학생'이란 호칭은 학교에 다니는 많은 학생 중 익명의 1명이라는 뜻이다. 나아가 대한민국에는 수많은 학생이 존재하니 깨알처럼 많은 학생들 중 한 명그 이상의 의미를 부여하기는 어렵다. 그러나 '유명한'이나 '이하나'라고 이름을 불러주는 것만으로 그는 이 지구상에 존재하는 단하나의 고유한 사람이 된다. 이름을 부른다는 건 하나의 소중한 인격체로 대하고 있음을 알려주는 행위이다.

그깟 호칭이 뭐 그리 중요하냐고 할지 모르지만 호칭으로 생기는 오해와 갈등은 생각보다 많다. 일전에 한 TV프로그램에서 아프리카에서 온 샘 오취리라는 외국인 방송인이 유학생들이 자신을 '흑형'이라고 부르는 말에 적잖이 상처 받았다고 말하는 것을 들은 적이 있다. 부르는 입장에서야 악의는 전혀 없었다며 변명할지 몰라도, 당사자는 그 말에 상처를 입은 것이다.

또 얼마 전에는 어느 교사가 한 학생을 '다문화'라고 부른다는 게 알려져 논란이 된 적이 있다. 무엇보다 이 명칭에는 차별적인 요소가 담겨 있기 때문에 더 큰 문제였다. 다문화라고 부르는 것만으로도 그 학생은 일반 학생과 섞일 수 없는 아이라는 뜻이 된다. 이처럼 아이를 부르는 호칭이 누구에게는 차별이고, 마음에 상처를 남길 수도 있음을 기억해야 한다.

누구나 불러주길 원하는 이름이 있을 것이다. 꼭 출석부에 기재된 이름이 아니라도 아이의 개성을 가장 긍정적으로 드러내줄 수 있는 고유한 별명을 지어줄 수도 있고, 또 아이 자신이 불리고 싶은 이름도 있을지도 모른다. 이왕이면 그러한 이름으로 불러주면 어떨까?

변화는 마음을 읽어내는 것에서 시작된다

사람은 한 번 고민에 빠지면 그것을 해결하기 전까지는 헤어나지 못하고 헤매기 마련이다. 즉 방향감각을 잃어버린 채 이쪽으로 가야 할지 저쪽으로 가야 할지 양쪽 다 포기하지 못한 채 갈팡질팡한다. 이런 딜레마 상황을 **양가적 갈등 상태**라고 말한다.

사람마다 차이는 있지만 누구나 양가성을 지니고 있으며, 그것

때문에 늘 갈등하며 살아간다. 심지어 한 살짜리 어린아이조차 돌잔치 상에 놓인 물건 앞에서 무엇을 잡을지 한참을 망설인다. 양가적 갈등은 학생들에게서도 많이 나타난다. 예컨대 진로를 선택할 때, 친구를 사귈 때, 그 밖에 공부와 취미활동을 어느 정도 해야 하는지 등 다양하다. 그런데 늘 양가적 갈등을 안고 살아가다 보면 결단력과 행동력이 무뎌지기 쉽다. 만약 학생들이 자기 내면의 양가적 측면의 실체를 정확히 드러내 보일 수 있게 해준다면 좀 더 강한 결단력과 행동으로 이어질 수 있을 것이다.

누군가를 변화시키고자 할 때 말의 힘은 여기서 발현된다. 아무리 좋은 말로 몇 번씩 타이르고 또 타일러도 소용없는 아이라도 때때로 변화하는 경우가 있기 때문이다.

"우리 아이가 달라졌어요!"라며 내 말은 전혀 안 듣더니 다른 누군가가 하는 말에는 호응하고 변하는 경우가 있다. 과연 내 말과 아이를 바꾼 말 사이에는 무슨 차이가 있을까? 바로 인간 존재의 양가성을 얼마나 이해했느냐에 달려 있다.

사람은 어떤 문제를 해결할 때 마치 수학 문제처럼 정해진 공식에 따르지 않는다. 자신의 감정에 따라 A방식에 따랐다가도, 마음이 바뀌면 B를 선택하는 식이다. 경우에 따라서는 하루에도 몇 번씩 달라지는 게 인간의 마음이다. 그러므로 오늘은 좋아했다가 내일은 싫어하는 게 오히려 자연스럽다. 할 수 있다는 마음과 할 수 없다는 마음, 하고 싶은 마음과 하기 싫은 마음이 공존하는 것이 사람의 마음이다. 달리 말하면 마음먹기에 따라 얼마든지 달라질 수 있다는 뜻이기도 하다.

변화의 관건은 얼마나 상대의 마음을 잘 읽어내느냐에 달렸다. 따라서 교사에게는 우선 양가성을 잘 이해하고 활용하는 능력이 필요하다. 특히 대화에 있어서는 어떻게 말하느냐에 따라 이러한 갈등을 해결할 수도 아니면 더욱 심화시킬 수도 있기 때문에 일정한 대화기술을 공부해두면 도움이 될 것이다.

특히 양가적 갈등을 해소하는 데 유용한 대화기술이 '동기부여 면담법'인데, 특히 짧은 시간 내에 양가적 갈등해소를 촉진하는 데 매우 유용하다.[41] 예컨대 학교에 가기 싫어한다든가, 공부에 지쳐서 무기력에 빠졌다거나, 게임에 빠져 있는 등 갈등 상황이 심각한 아이들이 있다고 하자. 이런 아이들이 주로 듣게 되는 말은 아마도 다음과 같은 말들일 것이다.

"학교 안 가면 나중에 뭐 되려고? 얼른 학교 가지 못해?"

"너만 공부하기 힘든 줄 아니? 딴 애들도 다 힘든데 참는 거야!"

"게임 좀 그만해! 대체 몇 번을 말해야 알아들어!"

이런 강압적인 말들은 사실 행동을 바꾸는 데 별 도움이 되지 않는다. 아이들도 이미 알고 있는 얘기가 아닌가? 더 말해봐야 내 입만 아플 뿐이다. 차라리 서로 충돌하고 있는 양가적 갈등을 인정해주고 그들 스스로 이러한 갈등을 극복하게 해야 한다. 예컨대

---

41. 정신과 의사인 오카다 다카시의 대화법으로 심리치료에 많이 이용한다.

게임에 빠진 아이들은 공부에 집중하기 어렵기 때문에 게임을 그만두어야 한다는 생각을 가지고 있는 반면에 그것이 주는 쾌락과 만족감을 갈망하는 마음도 동시에 가지고 있다. 그래서 그만두고 싶은 마음이 있어도 마음 한구석에는 '또 하고 싶다'거나 '도저히 못 끊을 것 같다'는 생각이 자리 잡고 있는 것이다.

그러나 자신이 할 행동은 결국 자신이 쥐고 있다. 앞으로 나아가기 위해서는 양가적 갈등을 극복하고자 하는 의지가 필요하고, 그 의지가 굳건해지고 결심이 서면 행동하기 시작한다. 즉 변화의 핵심은 바로 이 양가적 갈등에서 어떻게 벗어나느냐에 있다. 이 갈등을 해결해야만 다음 목표로 나아갈 수 있다.

말리면 말릴수록 더 하고 싶어지는 청개구리들

문제는 이 양가성이 우리의 일반적 상식과는 조금 다르다는 점이다. 양가적 갈등은 마치 스프링과 닮아서 억지로 누르거나 잡아당기면 오히려 더 강하게 반발하는 습성이 있다. 그래서 억지로 행동을 변화시키려고 하면 반발력이 작용해서 정반대의 상황이 벌어지기 십상이다. 이런 역설적 상황이 벌어지는 것 또한 양가적 갈등의 주요 특성이라고 할 수 있다.

억지로 설득하거나 못하게 하면 오히려 그 행위를 강화하는 결과만 가져온다. 들키지 않게 숨어서 몰래 한다거나 아예 노골적으로 반항하며 대놓고 하기도 한다. 어떤 중학교에서 담배를 피우다 적발된 학생에게 벌을 주니까 아예 교문 앞에서 등하교하는 학생들 앞에서 버젓이 담배를 피운 사례가 있다. 바로 이런 것이 노골적으로 반항하는 대표적인 사례라고 할 수 있다. 게임에 빠진 아이도 마찬가지다. 집에서 게임을 못하게 하면 PC방에서 몰래 하면서 독서실에 갔다 왔다고 부모를 속이기까지 한다. 못하게 말릴수록 더하니 청개구리가 따로 없다. 이처럼 양가적 갈등 상황에서 억지로 한쪽 감정만 강요하면 역작용이 일어나 반대의 행동이 강화되는 것이다.

그렇다면 이런 아이들에게는 어떻게 대해야 할까? 이런 경우 **중립적 자세**를 취하는 것이 가장 좋다. 양가적 갈등 상태에서는 한쪽으로 유도하면 반드시 반작용이 따르므로 어느 한쪽으로 힘을 싣지 말아야 한다. 다만 양가적 감정을 있는 그대로 받아들이되, 판단이나 결정에는 관여하지 말아야 한다. 즉 결정은 당사자가 하도록 해야 한다. 물론 본인이 알아서 하라고 내버려두라는 뜻은 아니다. 중립적이지만 공감하는 자세가 중요하다. 듣는 사람이 얼마나 공감을 잘 하느냐가 변화를 이끌어내는 데 핵심 역할을 한다. 물론 **중립적 공감**이다. 자신이 바람직하다고 여기는 방향으로 치우쳐 공감을 표현해서는 곤란하다는 뜻이다.

예컨대 대학에 진학하고 싶지만 공부에 자신이 없어서 주저하는 학생이 있다고 하자. 이런 아이에게 대학에 가서 전문적 지식을 쌓는 것이 장래에 더 도움이 된다든지, 더 좋은 친구를 만날 수 있다든지 하는 말을 해주는 건 별로 도움을 줄 수 없다. 이럴 땐 대학을 전제로 한 이야기보다 본인이 어떤 갈등을 겪고 있는지 명확히 파악하는 일이 먼저다. 섣불리 판단해서 방향을 제시하면 문제해결에 도움은커녕 오히려 저항을 부채질하고 변화의 의지마저 꺾어버릴 것이다. 먼저 말로 양가적 감정을 표현하게 하는 것이 우선 목표가 되어야 한다. 원하는 대학에 가고 싶다는 것과 원하는 대학에 못갈 것 같아 포기하려고 한다는 두 감정만 확실하게 말할 수 있다면 일단 성공이다.

갈등의 정체가 명확해질수록 변화의 길도 뚜렷해진다

양가적 갈등의 정체가 밝혀지면 다음은 그 갈등을 명확히 정리해서 변화로 연결시키는 것이 중요하다. 그런데 신기하게도 모순을 의식하는 순간 변화는 벌써 시작된다. 사람은 말이 달라지면 행동이 달라진다. 다시 말해서 말이 달라지는 것을 보면 어느새 행동의 변화를 확인할 수 있다는 뜻이다. 시작 단계에서는 자신의 단점을 인정하는 말을 하게 된다.

"지금 이 상태가 좋지 않다는 건 나도 알아요."
"뭐든 해야 하는데, 어떻게 해야 할지 모르겠어요."
"나도 몇 번 해보려 했지만, 잘 안 돼서 포기했어요."

여기서 다음 단계로 더 나아가면 말이 또다시 달라진다.

"할 수 있다면 그렇게 해보고 싶어요."
"그렇게 되면 지금보다는 마음이 편할 거 같아요."

의욕이 생기고 달라지고 싶다는 마음의 변화가 조금씩 일어나고 있는 중이다.

"제가 잘 할 수 있을까요?"
"한 번 도전해볼 생각이에요."
"할 수 있다면 해보고 싶어요."

여기서부터는 한층 더 적극적인 의지의 말이 나오기 시작한다.

"무슨 일이 있어도 꼭 해볼게요."
"제가 이렇게 해보려고 하는데 어떨까요?"
"혹시 이 방법보다 더 좋은 방법은 없을까요?"

학생 스스로 방법을 생각해보고 조언을 구하는 단계에 이르렀다면 거의 성공에 다다른 것이다. 그러나 매번 이렇게 순탄하게 도달하지는 않는다. 대체로 조금씩 힘겹게 나아가기 때문에 가장 중요한 것은 앞서도 계속 이야기하고 있지만, 진심으로 존중하고 공감하는 마음으로 인내심을 갖고 기다려주는 것이다.

말이 달라지면 사람도 달라진다. 말로서 영향을 받는 것이다. 말의 힘은 실제로 확인할 수 있다. 예컨대 변하고자 하는 의지가 강한 사람은 말도 분명하고, 자신 있는 말투로 말한다. 반면에 변화의 의지가 약한 사람은 말이 모호하거나 힘없이 이야기한다. 사람이면 어떤 말이나 할 수 있고, 심지어 거짓말도 할 수도 있는데 강하게 말하고 약하게 말하고가 무슨 소용이냐고 할 수도 있다. 그러나 말이 달라지면 분명히 그 사람도 달라진다. 신기하게도 말이 씨가 되고 말한 대로 인생이 펼쳐지는 경우는 어렵지 않게 찾아볼 수 있다. 한 연구에 따르면 환자를 치료할 때 자신의 회복 여부를 물었을 때, 환자가 답했던 말이 치료 결과와 거의 정확하게 일치했다고도 한다.

이는 최근 뇌과학에 의해서도 확인되고 있다. 미국 뇌과학들의 연구에 의하면 뇌세포 230억 개 중 98% 정도가 말의 영향을 받는다고 한다. 이러한 학설을 바탕으로 '언어치료법'이 개발되어 실제 치료에서 활용하고 있다. 의사가 환자에게 '병이 나아졌다'는 긍정적인 말을 해주면 신체 메커니즘이 말의 방향대로 움직인다는 것이다. 이는 우리의 뇌가 언어적 신호연결체계로 구성되어 있기 때문에 특정한 말과 표현에 거의 무의식적으로 반응하고 행동하기 때문이라고 한다.

이처럼 말은 사람과 현실을 바꾸는 **힘**이 실제로 존재한다. 어떤 아이가 자신 있게 말하지 않는다면 아직 양가적 갈등을 극복하지 못했을 가능성이 크다. 그럴 때는 꾸짖거나 비난하는 대신에 그 감정을 공감해주고 격려하면서 구체적인 행동계획을 다시 한 번 물어보자. 그러면서 실천하기 힘든 부분이 무엇이었는지 말하게 하면서 계획을 보완하도록 이끌어보자. 만약 너무 높은 목표를 세운 것이라면 목표를 조금 낮게 조정하면 될 것이고, 부족한 부분이 있었다면 그 부분을 보완하도록 하면 된다. 물론 실패할 수도 있다. 그럴 때 "으이구, 욕심을 부리더라니 내 그럴 줄 알았다!"가 아니라 포기하지 말고 목표를 살짝 낮춰서 계속 도전할 수 있도록 사기를 북돋아주어야 한다.

양가적 갈등은 완전히 벗어날 수 있는 게 아니며, 항상 마음속에 남아 있게 마련이다. 이 점을 고려하여 실패하더라도 괜찮다는 메시지를 꾸준히 전달해야 한다. 성공했을 때도 마찬가지다. 때론 지쳐서 마음에도 없는 약한 말을 할 때가 있다. 이때 질책하거나 다그치면 상대의 피난처를 야박하게 빼앗는 꼴이다. 우리 교사들이 해야 할 일은 언제나 학생 스스로 의지를 키우고 변화하려는 행동을 유지하는 과정을 끈기 있게 지켜봐주고 진심으로 격려해주는 것이다. 그것이 가장 중요하다.

우리는 앞에서 선생님의 말이 학생의 배움 나아가 그의 인생 전체에 미치는 영향력을 충분히 살펴보았다. 아울러 교사들이 자신의 말이 가진 영향력을 다시금 깨닫고 이를 바탕으로 어떻게 말을 하면 좋은지에 관해서도 살펴보았다. 이제부터는 좀 더 구체적인 소통의 방법들을 살펴볼 것이다. 여기에서 언급하고 있는 다양한 사례들을 살펴보면서 여러분의 교실 상황에 맞게 다양하게 응용해볼 수 있었으면 한다.

배움이 넘치는 행복한
교실을 만드는 선생님의 말

소통이 잘되는 교실은 배움도 활발하다

경청과 인정,
가장 적극적인 공감의 방법

"날 좀 보소, 날 좀 보소~"

경청은 한자에서 온 말이다. 그래서인지 한자를 파자해서 읽어보면 그 뜻이 금방 와 닿는다. 경(傾)은 사람을 향해 머리가 기울어진다는 의미의 한자로, 상대방 앞으로 다가가 귀를 기울이고 관심을 가진다는 뜻이다. 청(聽)은 풀이하면 한층 심오한 의미를 알 수 있다. 귀 이(耳)에 임금 왕(王), 열 십(十), 눈 목(目), 마음 심(心)으로 이루어진 한자다. 뜻을 풀이하면 다음과 같을 것이다.

> '임금처럼 열심히 귀를 기울이면서 눈을 크게 뜨고 바라보면 상대의 마음을 얻을 수 있다'

소극적 듣기와 적극적 듣기

경청은 듣는 표현 가운데 가장 품격 있고 고차원적인 말이다. 우리가 다른 사람의 말을 듣는 행위를 크게 나누어보면 '소극적 듣기'와 '적극적 듣기'로 구분할 수 있다. 경청은 그중 적극적 듣기에 해당하는데, 상대방의 말에 매우 적극적으로 반응하면서 듣는 매우 능동적인 행위이다.

경청은 단순히 말을 해석하는 데 그치지 않고 말과 말 사이에 배어 있는 감정은 물론 상대의 절박함까지 헤아리는 일이다. 다른 말로 **맥락적 듣기**라고 해도 무방할 것이다.[42]

많은 사람들이 경청을 어려워하는 이유를 진화한 인간의 뇌구조에서 찾기도 한다. 언어권마다 차이는 있지만, 인간은 대략 1분 동안 200단어까지 말할 수 있다고 한다. 한편 우리의 뇌는 그보다 4배 많은 800단어 정도를 받아들여 해석할 수 있다. 즉 뇌 능력의 1/4만 사용해도 상대의 말을 충분히 해석할 수 있으므로 굳이 타인의 말을 경청할 필요를 느끼지 못한다는 이야기다.[43]

귀와 마음이 함께 열려야 진정한 소통이다

그래서인지 몰라도 우리는 늘 상대를 다 안다고 지레짐작하고, 상대의 말을 잘 듣고 있다고 착각하는 경향이 있다. 그러나 인간의

42. 이기주, 《말의 품격》, 황스북스, 2017
43. 같은 책

말은 그렇게 단순하지 않다. 인간은 그 자체로 작은 우주다. 작은 우주에서 나오는 말이니 그만큼 심오한 뜻을 품고 있다. 그러한 심오한 뜻을 제대로 읽어내려면 그저 귀만 열어서는 안 된다. 마음이 필요하다. 마음을 활짝 열고 마음으로 듣고 느껴야 하는 것이다. 그러므로 소통한다는 것은 서로서로 마음이 통하는 것이다. 우리 교사와 대화하는 아이들이 원하는 것 또한 활짝 열려 있는 마음의 귀일지도 모른다.

세계 역사상 가장 광대한 제국을 건설했던 위대한 지도자 칭기즈칸은 "경청이 나를 가르쳤다."고 말했다고 한다. 그는 부하나 정복국 사람들과의 관계에서 적게 말하고 경청을 잘하기로 널리 알려졌고, 이것이 첨예하고 중요한 결정을 내리는 데 중요하게 작용했다고 한다. 즉 경청하는 습관이야말로 지도력의 원천이 된 것이다. 문맹이었던 칭기즈칸은 자신의 어록에 "나는 글자를 읽지도 쓰지도 못하지만, 대신에 남의 말을 경청하는 지혜를 배웠다."는 참으로 의미 있는 말을 남겼다.

경청과 관련된 말 중에 이런 말도 있다. "경청은 자신의 시간을 선물하는 것이다." 어떤 목적지를 향해 갈 때 길을 잘못 들어서면 아무리 빨리 뛰어봐야 결국 목적지에 도달할 수 없을 것이다. 이처럼 교사에게 경청은 제대로 된 가르침을 위해서 반드시 들어서야 할 올바른 길이다. 교육의 시작이자 과정이고 마지막 결과까지 좌우하는 중요한 소통의 기술인 것이다. 가르치는 직업이라는 특성 때문인지 몰라도 교사들은 듣는 것보다는 말하는 것에 훨씬 더 익숙한 사람들이다. 그래서인지 학생들의 이야기를 진득하게 들어주기보다는 중간에 끼어들어 조언이나 훈계를 하고 싶어 입이 근질근질해진다. 그래서 경청의 첫걸음은 바로 끼어들기의 유혹을 극복하는 데 있다.

게다가 교사들은 학교에서 매일 접하는 아이들의 일상과 반복되는 유사한 상황을 자주 경험하다 보니 아이들의 이야기를 몇 마디 들어보기도 전에 해결 방법이 뻔히 보인다고 생각하는 경우가 많다. 그래서 경청보다는 대화 중간에 성급하게 끼어들어 해결책을 제시한다거나 상황을 신속하게 결론 내리려고 하는 모습을 자주 보이게 되는 것이다.

특히 문제 상황에 놓여 있는 아이가 천천히 말하거나 멈칫거리기를 반복하다 보면 교사는 답답한 마음에 곧바로 끼어들기 쉽다. 교사의 입장에서야 서둘러 문제를 해결해주고 싶은 마음에서 그런 것이겠지만, 당사자인 아이 입장에서는 교사의 그러한 모습에 자칫 마음의 문을 굳게 닫아버릴 수도 있다. 마음을 닫아버린 상대에게 아무리 좋은 말을 해준들 받아들여질 리 만무하다.

끼어들지 않고 기다려주는 것. 생각보다 쉽지 않을 것이다. 학생들이 천천히 말하거나 잠시 멈춰 있을 때 뭔가 대신 말을 해주기보다는 학생의 눈을 바라보며 끄덕임으로 반응해주자. 여러 가지 솔루션을 속사포처럼 제시하는 교사의 모습보다 잠시 기다려주는 교사의 모습에 학생들은 훨씬 더 안도감을 느끼고, 나아가 스스로 해결 방안도 생각해낼 것이다.

진정한 호응과 함께 배가되는 경청의 힘

경청이란 귀로만 듣는 것이 아니라 마음을 열고 상대의 이야기에 진심으로 관심을 갖는 것이라고 이야기했다. 섣불리 끼어들기보다 인내심을 갖고 경청하며 기다려주면 학생 스스로 해결 방안을 찾아낼 것이다. 만약 아이 스스로 방법을 찾아냈다면 이제 아낌없는 **격려**가 필요한 순간이다.

"스스로 해결 방안을 잘 말해주어 정말 대견하다!"
"그래, 그럼 우리 그렇게 한번 실천해보자!"

학생의 이야기를 경청하는 데 자신의 시간을 선물하고 끼어들기의 유혹마저 견뎌낸 교사는 학생에게 모든 공을 돌리는 대신 신뢰받는 지도력과 심신의 행복을 얻게 될 것이다. 이렇듯 경청이란 자신의 시간을 선물하는 것이며 진정한 위로의 힘, 공감과 소통의 원천이 된다. 얼마 전 우연히 본 유튜브에서 30개월 된 아기가 다음과 같이 노래하면서 율동을 하고 있었다.

귀는 쫑긋쫑긋
고개는 끄덕끄덕
눈을 보고
말과 표정

마음까지

잘 들어요.

이 귀여운 영상을 보면서 뒤통수를 한 대 크게 얻어맞은 것처럼 정신이 번쩍 들었다. 왜냐하면 이 짧은 노래 속에 경청이란 단순히 듣는 게 아니라 상대가 전하고자 하는 내용은 물론 마음까지도 헤아려 듣고 자신이 이해한 것을 상대방에게 반응해주는 것임을 잘 표현해주고 있었기 때문이다. 영상에 감탄과 탄식을 동시에 하며, '아, 나는 그동안 경청(listening)이 아니라 듣기(hearing)를 하고 있었구나…'라고 반성하게 되었다. 30개월 된 아기를 통해 경청의 진정한 의미를 새삼 깨달은 순간이었다.

때로는 경청은커녕 컴퓨터나 책상 위의 서류에 시선을 두고 얼굴도 마주하지 않은 채 귀로만 듣기를 한 경우도 적지 않았다. 아이가 기껏 어렵게 말을 꺼냈는데, 교사가 다음과 같이 반응한다면 기운이 쭉 빠질 것이다.

"뭐라고? 미안, 못 들었어. 다시 한 번 말해볼래?"

경청을 할 때는 언어 정보는 물론 비언어적인 정보까지 관찰하고 호응해야 한다. 상대의 이야기에 진심으로 공감하며 마음을 열고 들어주는 것이다. 그만큼 주의를 기울여야 한다는 뜻이다. 아마도 이러한 교사의 무성의한 반응을 본 아이는 다시 마음을 열기 힘들지도 모른다. "사람의 마음은 낙하산과 같아서 퍼지지 않으면 쓸 수 없다."는 말이 있다. 오감을 통해 말과 표정, 마음의 소리까지 들으려는 노력이 학생들의 마음을 활짝 펼쳐줄 것이며, 소통이 넘치는 행복한 교실로 안착시킬 것이다.

인정은 상대의 마음을 여는 필살기

학생들과 소통함에 있어 경청과 함께 우리 교사들이 꼭 기억해야 하는 것이 있다. 바로 **인정**이다. 인정의 중요성은 이미 앞에서도 수차례 강조한 바 있다. 예로부터 인정의 중요성은 다양한 방식으로 전해지고 있다. 아마도 이런 말을 들어보았을 것이다.

"명마를 구하기보다 백락을 찾으라."

이 말을 풀이하면 뛰어난 말을 구하는 것보다 명마 감별사인 백락이 더 중요하다는 뜻이다. 즉 명마 자체보다 명마의 진가를 알아보고 인정할 수 있는 사람이 훨씬 더 중요하다는 뜻이다.

인정의 중요성은 또 다른 일화에서도 발견할 수 있다. 친구 간의 우정으로 잘 알려진 관중과 포숙의 일화도 인정의 중요성을 잘 보여준다. 제나라 임금 환공이 포숙을 제상으로 임명하려고 할 때 포숙은 자기 대신에 관중을 추천하였다. "지금의 제나라에 만족하시면 저를 쓰되, 천하의 왕이 되시려면 관중을 재상으로 임명하십시오." 이러한 포숙의 말에 제나라 임금인 환공은 깜짝 놀랐다. 왜냐하면 관중은 사실 과거에 환공을 활로 쏘아 죽이려 했던 원수였기 때문이다. 하지만 자신의 군주를 위해 충성을 다한 관중이기에 발탁을 한다면 이번엔 환공에게 충성을 다할 것이라는 포숙의 말의 믿고 관중을 재상으로 발탁하였다. 그 후 관중은 재상의 역할을 잘 해내며 큰 공을 세웠다. 관중을 인정한 포숙과 포숙을 인정한 임금 환공 모두 인정의 달인들이었던 것이다.

상대를 인정함으로써 나도 인정받는다

요즘 청소년들은 단어 하나로 상황을 정리하는 것을 좋아한다. 예컨대 "갑분싸"라고 말하며 뜬금없는 말로 분위기를 가라앉힌 사람을 타박하고, "TMI"라고 하면서 쓸데없이 많은 말로 정보를 흘리는 사람을 낙인찍는다. 메신저나 SNS상에서 자주 사용되는 '인정'이라는 뜻의 'ㅇㅈ' 역시 복잡한 변명 대신 두 글자로 모든 상황을 정리한다. 예컨대 덕후 인정, 달인 인정, 폐인 인정 등등. 일단 인정하면 거기에 대해서는 더 이상 토를 달 수 없다.

　"인정?"
　"어, 인정!"

인정의 진가는 소통에서 발휘된다. 진심으로 상대를 인정함으로써 상대의 마음을 얻을 수 있기 때문이다. 관중을 인정한 덕분에 큰 공으로 보답을 받은 환공과 포숙처럼 말이다. 나아가 상대를 인정하면서 나 자신도 인정받는다.

서로 에이스가 되는 칭찬의 기술을 일명 **ACE 프로세스**라고 한다. 여기에서 'A'는 Attribute의 약자로 자질, 속성의 뜻이다. 'C'는 Cause의 약자로 원인과 이유를 뜻한다. 마지막 'E'는 Emotion의 약자로 감정과 정서를 뜻한다. 풀이하면 '상대가 가지고 있는 자질(A)과 그 이유(C)을 발견하고, 거기에 대한 감정(E)을 전달함으로써 자신감과 용기를 주어 긍정적인 행동을 강화하도록 돕는 기술'이 된다. 예컨대 그저 "잘했어!"라고 결과에 대해서만 칭찬해서 순간적으로 기분을 좋게 만드는 것으로 끝내기보다는 "포기하지 않고 열심히 노력하는 모습이 참 보기 좋았어."라고 **과정**과 **동기** 등에 대한 구체적인 칭찬을 하는 것이 좋다.

구분	내용	예시
A (Attribute, 자질/속성)	행동 속에 있는 그 사람의 자질/ 속성을 긍정적으로 말하기	"참 믿음직하다."
C (Cause, 원인/이유)	그 자질/속성이 있다고 판단한 원인/이유를 설명하기	"힘든 일을 끝까지 해결 하는 인내심이 있구나."
E (Emotion, 감정)	노력에 대하여 느낀 나의 감정을 전달하기	"역할을 잘 해줘서 고맙다."

이렇듯 상대를 인정할 때는 모호하게 칭찬을 늘어놓기보다는 몇 가지 원칙을 지킬 필요가 있다. 인정의 원칙은 다음과 같다.

하나, 즉시 그리고 구체적으로 인정한다.
둘, 결과가 아닌 과정과 노력에 대해 인정한다.
셋, 관찰 및 측정 가능한 사실, 새롭게 발견한 사실일수록 효과적이다.

학생 스스로 자신의 자질과 가능성을 깨닫게 하라

나는 '인정' 하면 꼭 떠오르는 영화가 있다. 바로 《스쿨 오브 락 (School of Rock)》이라는 영화인데, 교사에게 이상적인 인정의 기술을 잘 보여주었다고 생각한다. 이 영화의 주인공 잭 블랙은 록 밴드에서 쫓겨난 뒤, 돈이 궁해지자 친구의 이름을 사칭해서 초등학교 보조교사가 된다(물론 이러한 행위는 엄중한 범죄다). 그가 교장선생님 몰래 학생들과 함께 밴드를 조직하고, 음악 경연대회에 나가면서 좌충우돌하는 이야기가 주를 이룬다. 이 과정에서 주인공 잭 블랙은 비록 신분을 사칭한 가짜 교사임에도 학생 개개인이 가진 강점을 발견해서 자신감과 용기를 북돋고, 긍정적인 행동을 강화 발전하도록 도와주는 모습이 참으로 인상 깊다. 마치 교사가 학생들에게 어떻게 ACE 기술을 어떻게 적용하면 좋은지를 보여주는 모범사례 같다.

영화 속에서도 교사의 인정을 통해 세상과 소통하게 된 학생들은 각자가 밴드의 에이스(ACE)로 발전하는 동시에 비로소 자기 삶의 주체가 된다. 비록 영화의 주인공이기는 하지만 잭 블랙은 학생 개개인이 가진 가치를 알아보고, 아이들 스스로 이를 발견하도록 도와주면서 진심으로 격려한다. 이 모습을 보면 교사의 인정이 어떻게 이루어져야 하는지를 잘 알 수 있다.

교사에게 인정을 받는 학생은 생활 속에서도 웃음과 활력이 넘친다. 그리고 이는 높은 자존감으로 이어져 스스로를 더욱 소중히 여기게 되고, 자신의 강점을 적극 계발하며, 학교생활도 더욱 충실히 하게 될 것이다. 인정은 그만큼 인간이 가진 근원적인 욕구로, 발전의 원동력이 되기 때문이다. 학생들에게 중요한 삶의 터전인 교실에서 교사가 보여주는 '인정'이야말로 학생들에게는 최고의 보약이 될 것이다.

'밀양아리랑'이라는 우리나라 민요의 가사는 이렇게 시작된다. "날 좀 보소, 날 좀 보소, 날 좀 보소. 동지섣달 꽃 본 듯이 날 좀 보소." 동지섣달이면 추위가 맹위를 떨칠 때인데, 이때 핀 꽃처럼 봐달라니. 그만큼 귀하게 여기며 자신에게 관심을 가져달라는 호소일 것이다. 우리도 바로 여기에서 시작해야 하지 않을까? 교실에서 만나는 아이들 하나하나를 마치 동지섣달에 핀 꽃보다 귀한 존재로 대하며, 그들 각자에게 눈과 귀와 마음을 열고, 또 그들 각각의 존재를 귀하게 인정해주는 것이다. 만약 그렇게만 된다면 소통의 기술 따위가 뭐가 그리 중요하랴?

피드백,
성장과 쇠퇴를 가르는 작은 차이
"쌤은 내게 모욕감을 줬어!"

교실에서 이루어지는 거의 모든 교육적 활동에는 피드백이 따라야 한다. 교사와 학생 간 또는 학생과 학생 간에 이루어지는 다양한 피드백은 학생들이 지금보다 한 걸음 더 성장하기 위해 꼭 필요한 절차라고 할 수 있다. 특히 교사의 피드백은 학생의 배움과 성장에 매우 중요한 영향을 미친다. 교사의 긍정적인 피드백으로 쑥쑥 성장하는 아이도 있을 것이고, 때로는 성장은커녕 주저앉아 버리는 아이들도 있을 수 있다.

최근 들어 오직 결과물에만 주목했던 평가 방식에서 벗어나 배움의 전체적인 과정에 초점을 맞춘 '과정 중심 평가'가 주목을 받고 있다. 교사의 피드백 또한 결과물 중심의 '잘했어' 또는 '못했어'와 같은 단편적 평가가 아니라. 과정에 초점을 맞춰 그때그때 꼭 필요한 피드백을 적절히 제공하는 방향으로 바뀌고 있다. 그리고 이러한 피드백은 배움뿐만 아니라 아이들의 생활 전반에서 다양하게 이루어져야 한다.

관계를 무너뜨리는 원흉, 모욕감

교사의 피드백 중에서 가장 많은 비중을 차지하는 것은 아무래도 말로 하는 언어적 피드백일 것이다. 교사의 의도는 피드백을 통해 잘못된 부분을 짚어주고. 좀 더 나은 방향으로 나아가도록 돕기 위함일 것이다. 하지만 이러한 교사의 의도와는 달리 때론 아이에게 지울 수 없는 상처만 남기기도 한다. 지금도 광고나 코미디 프로그램에서 종종 회자되는 유명한 영화 속 대사가 있다.

"넌 내게 모욕감을 줬어!'

바로 영화 〈달콤한 인생〉에서 주인공 이병헌의 "나한테 왜 그랬어요?"라는 물음에 보스 역할의 김영철이 답한 명대사이다. 이후 이 대사는 너무나 유명해져서 온갖 패러디를 낳기도 했다. 각자 소리 대로 읽으며 "넌 나에게 목욕값을 줬어", "넌 나에게 미역값을 줬어", "넌 나에게 모유값을 줬어" "넌 나에게 모나카를 줬어" 등등. 또는 "넌 나에게 '똥'을 줬어"처럼 '모욕감'을 다른 단어로 바꿔서 패러디하기도 했다.

왜 이 짧은 대사가 이토록 유명해진 걸까? 물론 배우가 대사를 맛깔스럽게 잘 살린 공도 있을 것이다. 하지만 무엇보다 도저히 이해되지 않는 수많은 행동과 사건의 인과관계들이 **모욕감**이라는 단어 하나로 명쾌하게 정리되었기 때문은 아닐까? 이 대사를 들은 순간 대부분의 관객들은 "아~ 그랬구나!" 하며 단번에 보스의 심정을 이해했을 것이다. 그만큼 '모욕감'은 때론 회복할 수 없는 심각한 내적 상해를 입힐 수 있다. 따라서 모욕감을 주는 말은 어떤 경우에도 교사가 학생에게 절대로 하면 안 되는 말, 즉 금기어에 해당된다.

칭찬과 같이 건넬수록 좋은 영향력을 미치는 말인 긍정어는 표현이 다소 미숙하다고 해도 듣는 상대가 얼마든지 기분 좋게 받아들일 수 있다. 하지만 모욕감을 주는 말과 같은 금기어는 최악의 부정적인 상황을 초래하여 마음에 상처를 입히고 주고, 결국 관계를 회복할 수 없는 파탄 지경에 이르게 한다.

게다가 모욕감을 주는 말들은 대부분 부정적인 감정이 과잉된 상태에서 튀어나오는 경우가 많기 때문에 자칫 되돌릴 수 없는 상황을 만들어내기도 한다. "엎질러진 물과 한번 내뱉은 말은 도로 담을 수 없다"는 속담도 있다. 이처럼 교사에게 금기어는 절대 해서는 안 되는 것이다. 되돌릴 수도 없고, 사람에 따라서는 평생 씻을 수 없는 상처로 남을 수 있기 때문이다.

이웃나라 중국 후베이성 교육청에서 2015년 발표한 교사 권장어와 금기어를 살펴보면 꽤 흥미롭다. 9월 1일 후베이성 교육청은 '10가지 아름다운 말과 10가지 금지할 말'을 선정해서 발표하면서 이 지역 교사들에게 아름다운 말을 사용할 것을 권장하고 부정적인 말은 자제할 것을 권고했다고 한다. 그렇다면 어떤 말을 금지하고, 어떤 말을 권장했을까?

교사가 학생에게 절대 하면 안 되는 말

먼저 10가지 금지한 언어 중 주목할 만한 몇 가지만 살펴보려 한다. 왜 교사가 해서는 절대 안 되는 말인지 이유를 살펴보자. 아마 우리나라와 크게 다르지 않다는 점을 알 수 있다.

"넌 공부 안 해도 좋으니 다른 학생들 방해나 하지 마라!"
학생의 존재를 부정하는 말에 해당된다. 이 말은 결국 공부 방해를 하느니 차라리 투명인간처럼 생활하라는 뜻이니, 어떻게 보면 아예 학교에 나오지 말라는 말보다 더 심한 말일 수 있다.

"너 때문에 일이 많아진다. 빨리해라!"
학생을 귀찮은 존재로 여기는 말이다. 학생이 당연히 있어야 할 곳이 학교인데, 여기에서 자신이 귀찮은 존재로 취급을 받는다면 아마 등교하는 것 자체가 고역일 것이다.

"대체 너의 부모님은 뭘 가르치신 거니?"
부모님을 책망하는 말이다. 흔히 상대방과 싸우다가 감정이 격해졌을 때 부모나 자식 얘기를 언급하면 반사적으로 튀어나오는 말이 있다. "가족은 건들지 마!" 그만큼 수치심과 분노를 일으키는 말이라는 뜻일 것이다. 수치심과 분노를 안겨준 교사에게 학생들은 배움은커녕 적개심을 갖게 될 것이다.

"너 같은 학생은 생전 처음 본다!"

학생의 무지나 무능을 꾸짖는 말이다. 하지만 학생은 본래 모르는 것을 배우려고 학교에 오는 것이다. 그러니 학생의 무지나 무능은 상당 부분 교사 탓이기도 하다. 다시 말해 교사의 책임을 학생에게 떠넘기는 말이 되는 셈이므로 역시 금기어다.

"정말 너 때문에 못 살겠다."

자존감에 상처를 주는 말이다. 교사나 타인을 괴롭히는 존재라는 말을 들은 학생은 자존감에 깊은 상처를 입는다. 자존감에 상처를 입으면 모든 면에서 위축되기 쉽다. 이런 학생에게 적극적인 학교생활을 기대하기란 어려울 것이다.

"넌 정말 구제불능이구나!"

변화나 발전 가능성을 부정하는 말이다. 교사가 학생의 변화나 발전 가능성을 부정하는 것은 곧 교육을 포기한 것과 다르지 않다. 이는 교사의 입으로 학생에게 '사망 선고'를 내리는 것과 다르지 않기 때문에 절대 하면 안 되는 말이다.

학생에게 해주는 아름다운 선생님의 말

학생들에게 절대 하지 말아야 할 말을 살펴보았으니, 이제부터는 교사가 학생에게 하면 좋은 말들에 대해서도 알아보자. 다음에 열거한 10가지 표현들을 살펴보면 부정적인 말과 마찬가지로 우리의 정서와 꽤 유사함을 알 수 있다.

① 틀렸어도 두려워하지 마라, 우리 다시 한 번 해보자!

② 너는 정말 멋지다!

③ 세상의 여러 문 중 어느 하나는 너를 위해 열릴 거야.

④ 나는 네가 해낼 수 있다고 믿는다!

⑤ 과거가 미래를 말해줄 수 없다. 자신이 반드시 할 수 있다고 믿어라!

⑥ 이 학생이 당신의 자녀이기는 하지만 저의 자식이기도 합니다.

⑦ 교실은 잘못을 용납해주는 곳이란다.

⑧ 실패란 없다. 단지 잠시 멈춘 성공이 있을 뿐.

⑨ 배움에는 늦음을 두려워 말고, 인재가 되는 데는 낮음을 두려워 말라.

⑩ 네가 나를 한순간 미워하도록 할지언정, 나를 한평생 원망하기를 원하지 않는다.

위에서 제시한 긍정의 말들이 가진 공통점은 바로 칭찬과 격려, 허용과 인정 속에 학생들의 미래 발전 가능성을 암시하고 있다는 점이다. 또한 실패의 두려움을 극복하고 포기하지 않고 꾸준히 노력해가는 과정에 대한 응원이 담겨 있다.

축구팬이든 아니든 베트남 국가대표팀 감독으로 활약 중인 박항서 감독의 이야기를 언론을 통해 한 번쯤 들어보았을 것이다. 베트남 대표팀 사령탑을 맡은 박 감독은 아시아권에서도 약체로

평가받아온 베트남 축구에 돌풍을 일으켰다. 돌풍의 시작은 2018년 2월 'AFC U-23' 대회였다. 베트남은 이변을 일으키며 결승까지 진출했지만, 아쉽게도 우즈베키스탄에 석패했다. 패배 후 풀이 죽어 있던 선수들에게 박 감독은 이렇게 말했다고 한다.

"최선을 다했는데, 왜 풀이 죽어 있느냐!"

이 말은 선수들에게 깊은 울림을 주었다. 비록 졌지만 최선을 다한 과정을 인정해준 감독의 말이야말로 선수들의 자존감을 한껏 높여준 최고의 격려가 되었을 것이다. 아마도 선수들은 이러한 진심이 담긴 격려를 평생 잊지 못할 것이다.

비수가 되기도 하고, 위로가 되기도 하는 말 한마디

내 학창시절은 이미 까마득한 옛일이 되었지만, 문득 이런 생각을 해보았다. '내가 학생이었을 때 나는 어떤 말을 듣고 싶었지?', '지금 내가 학생이라면 나는 어떤 말을 듣고 싶을까?' 말에 대해 생각하고 글을 쓰면서 머릿속에 문득 떠오른 질문들이다. 그리고 남녀 성별이나 신분이 바뀌는 드라마나 영화처럼 학생과 교사가 서로 바뀌는 일명 '체인지'가 일어난다면 어떻게 될까 하는 우스운 상상도 해보았다.

교사와 학생은 자칫 서로에 대해 무감각해질 수 있는 함정에 빠지기 쉽다. 하지만 매일 만나는 교사와 학생 사이에서 무심코 내뱉은 비난의 한마디는 비수처럼 날아가 꽂힌 채 독을 퍼뜨린다. 반대로 긍정의 언어는 살아가는 데 따뜻한 위로와 용기를 주기도 한다. 물론 거의 매일 만나기 때문에 정작 말한 사람은 기억조차 못 하는 경우도 적지 않다. 그래서 더욱더 교사는 긍정적인 언어를 습관화해야 하는 것이다.

교육부가 실시한 설문조사 결과도 사소한 말 한마디가 서로에게 얼마나 기쁨을 주거나 반대로 상처를 주는지 그리고 교사의 긍정적인 언어습관이 얼마나 중요한지를 잘 말해준다. 2013년 교육부는 교사, 학생, 학부모 간 소통 활성화를 위해서 서로 유의해야 할 언행에 대한 설문조사 결과를 발표했다.[44]

먼저 학생이 부모와 교사에게서 듣기 싫었던 말의 1, 2위는 모두 비난이나 오직 학업·성적으로만 평가하려는 말이었다. 어머니가 하는 말 중에 자녀들이 가장 싫어하는 말은 '쯧쯧, 한심하다…'(37%), '성적이 이게 뭐니?'(23%)라고 하는 말 등이었다. 또한 교사에게 들은 말 중에서 가장 듣기 싫은 말은 '넌 왜 만날 그 모양이니?'(32%), '어디 그 성적으로 대학이나 가겠니?'(12%)라는 말 등이었다.

반면 학생들은 부모에게서 가장 듣기 좋았던 말로 '정말 잘했어,

---

44. 온라인으로 진행된 설문조사에는 학생과 학부모, 교사 1만1,449명이 참여했다.

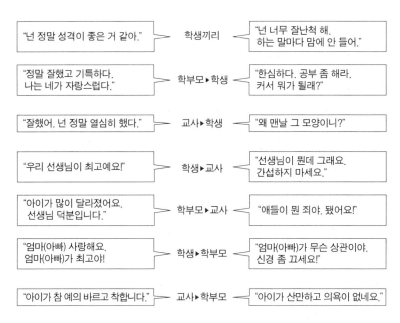

학생·학부모·교사 간
가장 듣기 좋았던 말

학생·학부모·교사 간
가장 듣기 싫었던 말

가장 듣기 좋았던 말		가장 듣기 싫었던 말
"넌 정말 성격이 좋은 거 같아."	학생끼리	"넌 너무 잘난척 해. 하는 말마다 맘에 안 들어."
"정말 잘했고 기특하다. 나는 네가 자랑스럽다."	학부모▶학생	"한심하다. 공부 좀 해라. 커서 뭐가 될래?"
"잘했어. 넌 정말 열심히 했다."	교사▶학생	"왜 맨날 그 모양이니?"
"우리 선생님이 최고예요!"	학생▶교사	"선생님이 뭔데 그래요. 간섭하지 마세요."
"아이가 많이 달라졌어요. 선생님 덕분입니다."	학부모▶교사	"애들이 뭔 죄야. 됐어요!"
"엄마(아빠) 사랑해요. 엄마(아빠)가 최고야!"	학생▶학부모	"엄마(아빠)가 무슨 상관이야. 신경 좀 끄세요!"
"아이가 참 예의 바르고 착합니다."	교사▶학부모	"아이가 산만하고 의욕이 없네요."

※자료: 교육부

기특하다!'(어머니), '장하다, 자랑스럽다!'(아버지) 등을 꼽았다. 교사에게서는 '잘했어, 넌 정말 열심히 한 거야!'처럼 격려의 말을 가장 좋아한 것으로 나타났다. 또한 또래 간의 대화에서는 친구들이 '넌 너무 잘난 척 해!'나 '네가 하는 일마다 맘에 안 들어!'처럼 비난조(36%)로 말하는 것을 가장 싫어하는 것으로 드러났다.

그렇다면 교사들은 학생들에게 어떤 말을 듣고 싶어 할까? 2018년 스승의 날 검색어 1위로 오른 교사들이 가장 듣고 싶어 하는 말은 바로 "존경합니다."였다고 한다.

긍정의 목소리를 습관화하라

학생은 물론 교사들도 긍정의 말을 듣고 싶어 한다. 그리고 긍정의 말이 주는 교육적 효과는 매우 크다. 그렇다면 긍정의 목소리를 일상화, 습관화했을 때 얻어지는 교육적 효과는 더더욱 크지 않을까? 교사뿐만 아니라 학생 상호 간, 교사와 학생 간에도 긍정의 목소리가 서로를 성장·발전시킨다.

　내 경험상 긍정의 목소리는 상호 존중과 존경의 관계로 진화시키는 힘을 가지고 있다. 또한 여러 가지 갈등 상황은 피할 수 없겠지만, 어찌됐든 마무리는 긍정의 목소리가 필수다. 지금부터 소개할 7가지 긍정의 목소리는 교사에게 선택이 아닌 필수다. 이러한 목소리를 일상화하고 습관화하기를 권하면서 다음의 몇 가지 사례가 여러분에게 도움이 되었으면 한다.

"힘내, 너는 잘할 수 있어!"

선우는 늘 포기가 빨랐다. 선행 학습으로 학업성적도 우수한 편이었지만, 쉽게 지루해하고 불평이 많았다. 어떤 활동이건 자신이 1등인지 아닌지만 관심사였다. 비교와 경쟁이 일상화된 선우에게 1등이 아니면 무의미했다. 사실 선우는 누나와 경쟁하고 있었다. 집에 가면 부모님의 기대와 사랑을 한 몸에 받으며 늘 1등만 하는 누나가 있기 때문이었다. 그런 선우에게 특히 체육 수업시간에는 중도 포기가 많았다. 질 것 같으면 지레 그만 하겠다고 했다. 그중 달리기는 자신이 지고 있는 상황이 더욱 극명하게 보이니 조금 달리다가 이런저런 핑계를 대며 멈추기 일쑤였다. 배가 아프다, 다리가 아프다, 머리가 아프다, 돌에 걸렸다. 친구가 밀었다 등등 이유도 다양했다. 선우의 지나친 경쟁심과 빠른 포기라는 극과 극의 태도는 날이 갈수록 심해졌다. 마침 학부모 상담 기간이 되어 어머니와 긴 상담 끝에 일단 말을 바꾸어보기로 했다. 그 말이 "힘내! 너는 잘할 수 있어!"였다. 선우가 평소 많이 듣던 말이 "누나는 잘하는데, 왜 넌 그것밖에 못하니? 됐다. 그만 해라."였다고 한다. 말을 바꾼 후 선우는 조금씩 달라졌다. 물론 즉시 드라마틱하게 변한 건 아니다. 솔직히 처음에는 냉소적으로 반응하면서 오히려 과거 누나와 비교 당하며 들어온 말을 되뇌였다. "됐어요. 전 원래 이것밖에 못해요."라고. 하지만 한 달쯤 지나자 조금씩 변하면서 3개월 쯤 지났을 때는 끈기와 의욕을 가진 아이가 되어갔다. 이 과정에서 가족과 친구들도 같은 긍정의 말로 칭찬과 격려를 했고, 그 효과는 배가되었다.

"걱정하지 마, 언제라도 도와줄게!"
지현이는 주어진 문제나 과제를 해결하는 학습 속도가 느리고, 자주 울먹이는 습관이 있었다. 유심히 관찰해보니 국어 글쓰기를 할 때 쓰고 지우기를 반복했다. 수학 시간에도 마찬가지였다. 그리기나 만들기 등 미술 시간에는 그러한 행동이 더욱 심했고, 주어진 시간의 대부분을 밑그림이나 구상하는 데 쓰느라 정작 그리거나 만드는 데는 늘 시간에 쫓겼다. 그리고 친구들이 완성해서 정리하기 시작하면 지현이는 불안한 마음에 울먹이기 시작했다. 그 모습이 너무 안타까웠다. 사실 지현이의 문제는 완벽해야만 한다는 불안감에서 기인한 것이었다. 실수 없이 완벽해야 한다는 생각이 시작을 주저하게 만들었던 것이다. 내성적인 성격의 지현이에게는 평소 엄격한 가정 지도도 원인 중 하나였다. 이런 지현이에게도 긍정의 목소리가 절실했다. 모든 활동을 시작할 때 지현이 옆에서 자신 있게 시작할 수 있도록 지켜봐 주면서 "걱정하지 마, 선생님과 친구들이 언제라도 도와줄게!"라고 말해주었다. 지현이에게 긍정의 목소리는 빠르게 효과를 나타냈다. 부모님과 학교생활에 관해서 꾸준히 시도한 소통도 큰 도움이 되었다. 정말 긍정의 말대로 지현이는 두려움을 극복하고 자기 할 일을 똑 부러지게 해내는 아이가 되었다.

"너를 만난 건 행운이야!"

경수는 입학식 첫날부터 눈에 띄는 아이였다. 저출산 시대인 요즘 초등학교 입학식에는 부모는 물론 할아버지, 할머니, 고모, 이모 등 아이 한 명에 가족 5명 내외가 우르르 축하하러 온다. 그래서 입학식 날은 어수선하고 정신이 없다. 준비해놓은 이름표를 찾아 학생에게 달아주지만 기억하는 건 쉽지 않다. 하지만 경수는 인상적인 표정 때문에 기억하지 않을 수 없었다. 얼굴 전체를 잔뜩 찌푸리고 큰소리로 "난 1학년 2반이 싫어!"라고 했다. '헉! 헐~ 대박!' 다행히 속으로 한 말이었다. "안녕하세요?" 내가 인사를 건네자 "쳇, 재미없어!"가 되돌아왔다. 첫날 이후 경수의 말은 이 두 문장뿐이었다. 아침에 등교하자마자 "1학년 2반 싫어!"로 시작한다. "왜 싫은데?" 나와 친구들이 물으면 답은 "쳇, 재미없어!"다. 참 신기한 게 이 두 문장으로 모든 대화가 가능했다는 점이다.

첫날부터 얼굴을 보자마자 "싫다, 재미없다"라는 말만 하는 학생에게 나도 좋은 감정을 가질 리 만무했다. 자기주장이 강하고 고집이 센 경수는 일명 청개구리 학생이었다. 집에서도 이런 경수를 이기는 사람은 없었다. 경수에게는 다른 어떤 말도 통하지 않았다. "1학년 2반은 좋고 재미있다"고 아무리 말해도 울림 없는 메아리에 불과했다. 찌푸린 얼굴로 싫다, 재미없다고만 하는 경수에게 나도 지쳐갔고, 어머니도 교사인 나에게 미안해 하고 속상해했지만 달라지는 건 없었다.

도대체 경수가 왜 그러는지 경수의 학교 적응 문제로 어머니와 이런저런 이야기를 나누다 학교 입학을 앞두고 교육을 시키면서 말을 안 들으면 학교에 대한 부정적인 말을 했다는 사실을 알게 되었다. 또 말을 안 들으면 어머니가 아버지와 할아버지, 할머니 등 다른 가족에게 도움을 청했는데, 가족들 역시 학교에 대한 부정적인 말들로 아이에게 압박을 주었던 것이다.

그래서 말을 바꿔보기로 했다. 아침에 경수 얼굴을 보자마자 "널 만난 건 행운이야"라고 말하고 수시로 1학년 2반으로 우리가 이렇게 만난 건 서로 행운이라고 말했다. 그리고 수시로 "경수를 만난 건 행운이야!"라고 말했다. 처음엔 뜬금없다는 표정으로 여전히 자기 말만 반복했지만, 점차 부정적인 말의 횟수가 줄어들기 시작했다. 그리고 경수 특유의 찌푸린 얼굴이 조금씩 환하게 펴지기 시작했다. 말과 얼굴 표정의 변화는 행복한 발견이었다. 말이 신경세포 등 감각과 연관이 있다는 NLP(신경-언어 대화법)를 실감한 순간이었다. 그리고 100일쯤 지나자 "1학년 2반 좋다. 재미있다"는 것을 경수도 인정했다. 물론 웃는 얼굴로 말이다.

"네가 있어서 정말 행복해!"

아침부터 교실 뒷문에서 큰소리가 들린다 하면 진수가 온 것이다. 어제 집에서 있었던 일을 큰소리로 친구들에게 이야기하고 있었다. 자리에 앉지 못하고 이리저리 서성이면서 친구들에게 자기 이야기를 하다가 친구들이 더 이상 들어주지 않으면 화를 냈다. 시간이 흐를수록 친구들은 진수를 부담스러워했다. 그러자 진수는 점점 더 큰소리를 얘기를 하며 주목받고 싶어했고, 교사인 나도 주의를 주는 횟수가 점점 늘어났다.

급기야 진수는 자기 얘기를 들어주지 않는 친구를 괴롭히고 위협하기 시작했다. 폭력적인 행동은 단호히 제지할 수밖에 없는 상황에서 꾸중을 하면 가위로 종이나 지우개 등 주변에 보이는 것들을 마구 자르기 시작했다. 심지어 머리카락까지 자르려고 하면서 중얼거린 말이 "난 없어져야 돼…"였다. 감정의 기복이 심하고 극단적인 말도 서슴지 않는 진수에 대한 고민이 깊어졌다. "난 없어져야 돼…"라고 말하며 때로는 화를 냈다가, 때로는 눈물을 글썽이는 진수를 보며 이루 말할 수 없는 슬픔이 몰려왔다. 어릴 때부터 가정불화와 폭력에 노출됐던 진수는 낮은 자존감에서 오는 우울증을 "난 없어져야 돼."라는 말로 표현하고 있었다. 가정불화와 폭력에 노출된 학생들은 대부분 부모의 불화 원인을 자기 탓이라고 생각한다고 한다. 그런 자책감이 우울증으로 이어지고, 자칫 자살에까지 이르기도 한다.[45]

이런 우울증은 조기 치료와 첫 단계가 가장 중요하다고 하는데, 치료의 첫 단계가 자존감을 갖게 하는 긍정어를 듣고 스스로 말하는 것이라고 한다. 우울증은 부정적 사고를 스스로 강화하는 것이다. "난 없어져야 돼."를 되뇌던 진수에게 "네가 있어서 정말 행복해."라는 말은 단순한 말을 넘어 진수를 지켜주는 마법의 주문이라는 사실을 알게 되었다. "네가 있어서 정말 행복해."라는 말이 공부를 하고 세상을 살아가야 할 이유가 된 것이다.

나와 우리 반 학생들은 진심을 담아 "네가 있어서 정말 행복해."라는 말을 끊임없이 해주었다. 진수가 진심으로 행복해지길 바라는 마음으로… "행복해서 웃는 게 아니라 웃어서 행복해지는 것이다."라는 말도 있다. 우리들의 말에 담긴 진심대로 진수가 있어서 진수와 함께 우리 반은 조금씩 행복해졌다.

---

45. 2016년 우리나라 자살률은 인구 10만 명당 25.6명으로 OECD 1위이다. OECD 평균 12.1명보다 2배 이상 높은 수치이다. 가정의 달이라고 하는 5월에 자살률이 가장 높은 것이 이런 연관성을 단적으로 말해준다.

"너에게 좋은 일이 생길 거야!"

처음에는 나도 교실 문이 열리면 고개를 숙이고 몸을 웅크리는 아이가 있다는 것을 몰랐다. 그런데 3월 셋째 주 수요일 5교시 학부모 공개 수업이 있는 날이었다. 교실 앞뒤 문을 모두 열어놓고 학부모들이 수업을 참관했다. 바로 이날 한 시간 내내 고개를 들지 않고 책상 밑으로 몸이 반쯤 들어가 있는 수진이를 발견할 수 있었다. 다른 학생들과 반대되는 행동을 보이는 수진이가 그날에야 내 눈에 띈 것이다.

수업공개 날 몇몇 학생들은 긴장과 흥분 등으로 더러 평소와 다른 행동을 하기도 한다. 그날 수진이 부모님은 오시지 않았고, 이후부터 수진이를 유심히 관찰하게 되었다. 수진이는 다문화, 한부모 가정의 아이였다. 다문화 가정에서의 경험과 부모의 이혼으로 다시 한부모 가정이 되기까지 수진이에게 행복한 기억은 별로 없는 듯 했다. 특히 외국인 여성에게는 이혼도 쉽지 않아서 오랫동안 협박과 폭력에 시달렸고, 특히 자녀를 볼모로 삼았다고 한다. 이혼한 후에도 전남편이 불쑥 학교로 수진이를 찾아오는 통에 전학을 시킬 수밖에 없었다.

영화 〈아직 끝나지 않았다〉의 현실판이 수진이 가족이었다. 이 영화는 한 프랑스 가정의 이혼 과정에서 벌어진 일을 다룬 것인데, 주인공 줄리앙과 엄마가 사는 집 현관은 전남편이자 아빠의 폭력과 협박 그리고 마지막에는 총격까지 가해져 구멍이 나 버린다. 모자는 생사의 기로에서 이웃 할머니의 신고로 출동한 경찰의 도움에 가까스로 구출되는 것이 영화의 마지막이다. 욕조에 몸을 숨긴 채 숨도 제대로 못쉬고 벌벌 떠는 모자에게 경찰은 "이제 다 끝났다"고 위로하지만, 뻥 뚫린 현관문의 총구멍으로 들여다보이는 줄리앙의 집은 아직 끝나지 않고 계속될 슬픈 현실을 보여준다.

문은 새로운 세계를 상징하기도 한다. 문이 열리면 고개를 들어 호기심을 가지고 바라보는 게 당연하다. 배우는 학생들은 더욱 그렇고, 우리 집 현관문이라면 더더욱 그럴 것이다. 그런데 우리 집의 문이 열리는 것이 두렵고 무섭다는 건 슬픔 그 이상이다. "너에게 좋은 일이 있을 거야." 수진이에게 있었던 불행한 일들이 반드시 끝나기를 빌면서 긍정의 말을 함께 외쳤다. 수진이도 조금씩 고개를 들었다.

"너는 정말 괜찮은 사람이야!"

우리나라의 이혼율은 계속 증가하고 있고, 이러한 추세라면 세계 최고의 이혼 국가가 될 수도 있다는 것이 전문가들의 예측이다. 자녀에게 부모의 이혼이 주는 스트레스는 매우 극심하다. 정서적 불안감에서 기인한 폭력성과 공격성은 교우관계를 악화시킬 뿐만 아니라 학습과 성취도에도 영향을 미친다.

부모의 이혼이라는 상황에서 아이들은 보살핌을 받지 못하고 소외되기 쉽다. 이혼 후에도 부모들은 혼자 감당할 짐이 많고, 아이들은 조부모에게 맡겨지기도 한다. "나를 사랑했다면 헤어지지 않았겠지. 떠나지 않았겠지."라는 생각에 우울해 하면서 자신을 버려지고 쓸모없는 존재라고 생각한다. 이혼한 가정의 아이들은 부모의 이혼이 자기 탓이라고 생각하며 심한 자책감에 빠진다고 한다. 부모의 이혼에 충격을 받고 "전 쓸데없이 태어났어요."라는 말을 하던 어느 학생이 생각난다. "너의 잘못이 아니란다. 너는 괜찮은 사람이야." 긍정의 목소리와 함께 누구나 사랑받을 권리가 있고 이혼에 대해 알 권리와 누구와 함께 살 것인지 등에 대한 결정권이 있다는 것도 알려주어야 한다.

"너의 꿈은 이루어질 거야!"

여러분도 아마 파울로 코엘료의 《연금술사》라는 책을 알고 있을 것이다. 이 책은 마음의 목소리에 귀를 기울이는 것이 새삼 얼마나 중요한지를 깨닫게 해준다. 자신이 진정으로 바라는 꿈과 마주하고, 이것이 이루어지도록 하는 축복의 메시지가 담겨 있다. 나는 교사의 역할도 이와 다르지 않다고 생각한다. 교사는 학생들이 자신의 꿈과 대면할 수 있도록 도와주고, 이를 차근차근 이뤄갈 수 있도록 격려와 축복을 아끼지 말아야 한다고 생각한다. 옆에서 이렇게 긍정의 말로 격려와 축복을 해주는 사람이 있다면 그저 '이루어지면 좋겠다' 정도에 머무는 막연한 바람이 '될 수 있다'는 확신으로 바뀌고, 또 실제로 그것을 이루게 될 가능성이 높다.

무슨 일이든 보는 관점, 각도에 따라 좋은 면이 두드러지기도 하고 나쁜 면만 두드러지기도 한다. 유연한 사고와 잠재된 가능성을 언어로 이끌어내는 긍정어는 성장과 함께 마음의 평화까지 가져온다. 그런 뜻에서 잠재력과 강점을 드러내줄 수 있는 이름이나 별명을 지어주면 어떨까?

지금까지 살펴본 여러 긍정의 말을 통해서도 알 수 있듯이 선생님의 말하기는 때론 기적 같은 변화를 일으키기도 한다. 아울러 선생님의 말에 담긴 가르침은 아이들의 인생에서 오래도록 선명하게 남아 있는 최고의 말로 기억되어야 하지 않을까? 최근에는 바쁜 일과 중에도 더 좋은 교사가 되기 위해 자기계발에 힘쓰는 교사들이 점점 더 늘어나고 있다. 참으로 고무적인 일이다. 여기에 더해 먼 훗날 고단한 인생살이에서 한번쯤 떠올리며 위로가 되고, 용기와 힘을 낼 수 있는 아름다운 언어로 아이들을 가르치는 교사들이 점점 더 많아지면 좋겠다.

개별화,
세상에 똑같은 아이는 없다

"나랑 쟤는 전혀 다른 아이인 걸요!"

산업화와 대량생산 시대를 거치며 과거 우리나라 교육은 획일화의 길을 걸어왔다. 학생 수는 많고, 교사 수는 턱없이 부족했던 그 시절에는 국민의 교육수준을 빠르게 끌어올리겠다는 미명하에 비슷비슷한 표준화된 인재들을 양산해내기에 바빴다. 하지만 세상에 똑같은 인간이란 존재하지 않는다. 유전자가 거의 일치하는 쌍둥이라도 이들을 동일한 사람으로 여기는 이는 아마 없을 것이다. 그렇다. 우리는 저마다 개성을 지닌 고유한 존재다. 우리가 교실에서 만나는 아이들도 마찬가지다.

차이를 인정하지 않으면 소통도 없다

아이들의 개성을 무시한 획일화된 교육 방식의 한계는 이미 너무나 많은 사람들이 공감하고 있다. 최근에는 공교육이 개별화 교육으로 나아가기 위한 다양한 연구와 실천이 이루어지고 있다. 정책적인 변화도 필요하지만, 무엇보다 중요한 것은 교실 내에서 이루어지는 소통의 변화일 것이다. 아이 각자의 특징을 무시한 일관된 소통 방식은 부작용만 일으키기 때문이다.

학년말이나 축제 등 특별한 날 영화보기 행사를 할 때 아이들과 함께 영화를 관람하다 보면 학생들 사이에서 대화가 오간다. "저 장면 생각난다. 저기서…" 하면, 어떤 학생은 "너 저 영화 봤어? 저기서 어떻게 되는데 빨리 말해줘라. 궁금해 죽겠다.", "그래서 결말은? 결말은 어떻게 돼?" 하며 결말을 알려달라고 부추기는 학생들이 있는가 하면, "어우~ 야아~! 말하지 말라니까." 하며 말리는 학생들도 있다. 또 주변에서 아무리 난리굿을 해도 오직 영화에만 몰입하고 있는 학생들도 있다. 즉 결말만 궁금한 학생이 있는가 하면, 결말보다는 영화 스토리를 차근차근 알고 싶어 하는 학생들도 있고, 그냥 영화 속에 빠져들어 감상을 즐기는 학생들도 있다.

현장 체험학습에서도 비슷한 양상이 벌어진다. 예컨대 누가 같은 모둠인지 모둠 친구가 주요한 관심사인 학생이 있는가 하면, 버스 옆자리에 앉는 친구, 점심 같이 먹을 친구가 가장 큰 관심사인 학생도 있다. 또 처음에 뭘 보고 두 번째로 뭘 보고 등 스케줄에 관심이 많은 학생도 있다. 그러면서 "전 여행 체질인가 봐요." "저는 체질적으로 안 맞아요." 하기도 하고, "재랑은 체질이 달라요."한다. 또 "우리는 성격이 너무 잘 맞아요." 하며 좋아하기도 한다. 어른들이 일상생활에서 "난 이 일 체질이 아닌가봐." 하기도 하고,

"그 사람 성격 어때?"라고 묻기도 하는 것처럼 말이다.

　이렇듯 하나의 상황에 대해서도 아이들마다 여러 가지 반응이 쏟아진다. 만약 이러한 차이점을 무시한 채 교사가 일정한 표준 방식을 정해놓고 소통하려고 한다면 어쩌면 아무도 만족시킬 수 없을지 모른다. 과거 우리도 공부를 잘하거나 재능이 뛰어난 아이만 예뻐하는 선생님을 보며 차별대우를 한다고 불평했다. 그런데 어쩌면 그러한 불평이 나오게 된 가장 큰 이유는 뛰어난 몇몇 아이를 제외한 나머지 아이들을 고려하지 않은 교사의 소통 방식에 문제가 있었던 건 아닐까? 이제 교사의 말은 또 다른 의미의 차별이 필요하다. 다만 소수에게 기울어진 불평등한 차별이 아니라 아이들 각각의 개성을 인정하고 존중하는 의미의 **개별화된 소통 전략**이 필요하다는 뜻이다.

각 개인을 특징짓는 체질, 성격, 기질이란?

위에서 이야기한 것처럼 아이들도 어떤 대상이나 주제, 사건 등과 관련해 자신과 '체질적으로 안 맞아요'라거나 '나랑 성격이 너무 잘 맞아요'라는 식으로 표현하곤 한다. 이렇듯 모든 사람들이 체질(體質), 성격(性格)이라는 말을 흔하게 쓰고 있는 것이다. 때로는 기질이라는 말도 쓴다.

　다시 말해 체질, 성격, 기질 등 다양한 관점에서 서로 다른 인간 유형이 존재하는 것이다. 하지만 사람들에게 "체질, 기질 또는 성격이란 무엇인가?"라고 질문한다면 한마디로 답하기 어려울 것이다. 왜냐하면 의사가 말하는 체질은 신체적인 면에서 체질을 이야기할 것이고, 심리학자는 심리·정서적인 면에서 체질을 이야기하는 등 얼마든지 다른 정의를 내릴 수 있기 때문이다. 또 사회학자는 사회적 측면에서 신학자나 철학자는 각기 자신의 학문 분야에서 나름대로 연구된 개념을 제시할 것이다.

이렇듯 분야에 따라서도 다양한 정의가 내려질 수 있지만, 언어의 뜻으로만 보면 체질(體質, constitution)이란 부모로부터 물려받아 태어날 때 갖게 되는 개인의 고유한 신체적 특성을 말한다고 하겠다. 이러한 신체적 특성에 정신적 특징까지 결합되면 기질(temperament, 氣質)이라고 말하기도 한다. 그리고 각 기질마다 특징이 있다. 예컨대 주도적인 기질도 있고, 감정적인 기질도 있으며, 사교적인 기질도 있다.

한편 성격은 학습의 영향을 많이 받는다. 인간은 자신이 추구하는 가치와 목표를 이루기 위해서 환경과 끊임없는 상호작용을 해야 한다. 이 과정에서는 유전적 영향보다는 사회·문화적 학습의 영향을 더 받게 된다. 용어의 유래를 통해서 그 의미를 살펴보면 성격(personnality)이란 원래 라틴어 personare에서 유래되었다. 배우들이 연극할 때마다 쓰는 가면을 의미하는 말이었는데, per(through: 통하여)와 sonare(speak: 말하다)의 합성어였다. 그 후 personare가 가면이라는 뜻에서 점차 변화되어 개인의 전체적인 인상을 뜻하는 말로 변한 것이다. 현재는 일반적으로 '각 개인을 특징짓는 지속적이며 일관된 행동양식'으로 규정되고 있다.

'저 사람은 왜 나와 다를까?'에 관한 인류의 오랜 관심

사실 우리 인류는 나와 남이 다르고 다양한 특성을 가진 인간 유형이 존재한다는 것에 대해 아주 오래 전부터 주목해왔다.

"같은 사람인데 저 사람은 왜 나와 다를까?"

예로부터 이런 개인차에 대한 관심에서 비롯된 인간의 체질과 기질, 성격 유형을 분류한 다양한 연구들이 있다. 고대 그리스의 의학자인 히포크라테스는 성격에 따라 사람의 기질을 네 가지로 분류했다. 다혈질(sanguine)은 4가지 기질 중 가장 외향적이며 우호적이고 낙천적이다. 담즙질(choler)은 다혈질과 마찬가지로 외향적이지만 그 정도가 심하지 않고, 모든 일에 능동적이고 목표 지향적이다. 우울질(melancholy)은 매사에 민감하고 세심한 완벽주의자다. 점액질(phlegmatic)은 상상력이 풍부하고 인내심이 많으며 협력적이다.

독일의 슈타이너(Rudolf Steiner) 박사도 이와 유사한 인지학적 의학 연구를 교육 현장에 적용하여 인간의 기질적 특성을 4가지로 나누어 '4기질론'을 완성하고, 이를 토대로 발도르프 교육을 실천했다. 우리나라에서도 허준의 《동의보감》, 이제마의 《동의수세보원》 등에서 인간의 체질을 분류하였다.

또 성격 유형을 분석해서 분류한 연구 방법들도 있다. 여러분도 직접 검사를 받아보거나 접해본 적이 있을 법한 MBTI나 애니어그

폭넓은 대인관계 유지, 사교적·정열적·활동적	오감에 의존, 실제 경험 중시, 현재에 초점을 맞추고 정확·철저히 일처리	진실과 사실에 주요 관심, 논리적·분석적·객관적 판단	분명한 목적과 방향, 기한 엄수, 철저한 사전계획, 체계적
외향형 Extraversion	**감각형** Sensing	**사고형** Thinking	**판단형** Judging

E S T J

에너지 방향, 주의초점	인식기능 (정보수집)	판단기능 (판단결정)	이행양식 생활양식

I N F P

내향형 Introversion	**직관형** iNtuition	**감정형** Feeling	**인식형** Perceiving
깊이있는 대인관계 유지, 조용하고 신중. 이해한 다음에 경험	육감 내지 영감에 의존, 미래지향적, 가능성과 의미 추구, 신속·비약적으로 일처리	사람과 관계에 관심, 상황적 정상을 참작한 설명	목적과 방향은 변화 가능. 상황에 따라 일정 변경, 자율적이고 융통성 있다.

※ 자료: MBTI연구소

MBTI 선호지표

ISTJ 소금형 한번 시작한 일은 끝까지 해내는 성격	ISFJ 권력형 성실하고 온화하여 협조를 잘하는 사람	ESTP 활동가형 친구, 운동, 음식 등 다양함을 선호	ESFP 사교형 분위기를 고조시키는 우호적인 성격
INFJ 예언자형 사람에 관한 뛰어난 통찰력을 가진 사람	INTJ 과학자형 전체를 조합하여 비전을 제시하는 사람	ENFP 스파크형 열정적으로 새 관계를 만드는 사람	ENTP 발명가형 풍부한 상상력으로 새로운 것에 도전
ISTP 백과사전형 논리적이고 뛰어난 상황 적응력	ISFP 성인군자형 따뜻한 감성을 가지고 있는 겸손한 사람	ESTJ 사업가형 사무적·실용적· 현실적인 스타일	ESFJ 친선도모형 친절, 현실감을 바탕 으로 타인에게 봉사
INFP 잔다르크형 이상적인 세상을 만들어가는 사람들	INTP 아이디어형 비형적인 관점을 가진 뛰어난 전략가	ENFJ 언변능숙형 타인의 성장을 도모 하고 협동하는 사람	ENTJ 지도자형 비전을 갖고 타인을 활력적으로 인도

※ 자료: MBTI연구소

MBTI 16가지 성격 유형

램 등은 이미 널리 알려진 성격 유형 분류 방법이다. MBTI나 애니어그램의 기본 전제는 사람들이 서로 다르기는 하지만, 어떤 공통된 특징에 따라 묶을 수 있다는 것이다. 이러한 전제하에 MBTI는 사람들을 4가지 선호지표에 근거해 16가지 성격 유형으로 분류하고 있다. 여기서 선호지표란 사람이 행동할 때 자신이 좋아하거나 편한 쪽으로 행동하는 경향성을 말한다. 4가지의 서로 상반되는 선호지표를 통해 주로 어느 쪽을 사용하는가를 알아봄으로써 그 사람의 성격 유형을 파악할 수 있다. 이 같은 행동 양상은 우연적인 것이 아니라 선천적으로 잠재되어 있는 개인 특성의 차이에서 온다고 보고 있다. 앞의 그림은 MBTI의 선호지표와 16가지 성격 유형을 요약한 것이다.

애니어그램은 사람들의 고유한 행동양식이나 경향성을 머리 중심, 가슴 중심, 장 중심의 세 가지로 나누고 또 각각 세분하여 9개 점으로 나타낸다. 각각의 점들이 개인이 처한 상황이나 환경, 교육 등에 따라 변화하는 방향을 선으로 이어 표시한 것이 성격 유형 분류 도구이다.

이와 같은 인간의 체질, 기질과 성격 등에 관한 연구와 유형 분석 등은 모두 인간의 다양성을 이해해보고자 하는 노력들에 해당된다. 인간이 사회적 동물로 함께 살아가야 하고 협력하면서 행복하려면 나를 알고 또 남을 알아야 하기 때문이다. 특히 교사는 아이들 각자의 행복한 성장을 돕기 위해서라도 다양한 방법으로 인간을 이해하려는 노력이 꼭 필요하다. 아래의 그림은 애니어그램의 유형을 정리한 것이다.

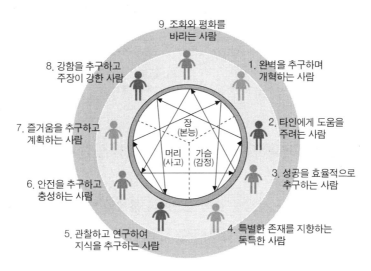

※ 자료: 애니어그램 테스트 및 해석 (1~9번 유형까지)

애니어그램 9가지 성격 유형

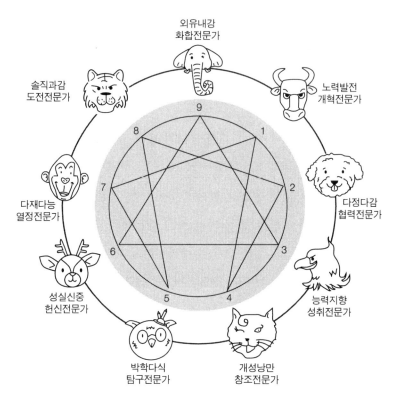

외유내강
화합전문가

솔직과감
도전전문가

노력발전
개혁전문가

9

8   1

7   2

6   3

5   4

다재다능
열정전문가

다정다감
협력전문가

성실신중
헌신전문가

능력지향
성취전문가

박학다식
탐구전문가

개성낭만
창조전문가

※자료: 애니어그램 테스트 및 해석 (1~9번 유형까지)
애니어그램 9가지 성격 유형 해석

똑같은 말도 서로 다르게 받아들이는 것이 인간

학생의 기질이나 성격에 따라 칭찬이나 훈계의 말도 달라져야 함
은 이미 이야기했다. 똑같은 말을 다르게 이해하는 원인이 대체
어디에서 오는가에 주목해보니 그것은 대부분 학생 개개인의 기
질이나 성격 차이에서 기인하고 있었다.

교사가 진정으로 학생들의 바람직한 변화를 바란다면 소통의 방식부터 학생의 기질이나 성격에 따라 달라져야 한다. 기질이나 성격에 따라 수용하고 선호하는 표현이나 전달 방식 등이 조금씩 다르기 때문이다.

실제로 예를 들어보면, 애니어그램의 장 중심 경향을 보이는 학생들은 교사의 말이 분명하고 간단명료한 요청일 때 훨씬 더 효과적으로 수용했다. 또 머리 중심의 경향을 보이는 학생들의 경우에는 체계적이고 단계적인 설명이나 왜 그렇게 해야 하는지 이유나 근거, 원인 등을 자세하게 설명해줄 때 훨씬 더 수용력이 높아졌다. 즉 논리적으로 이해가 된 후에야 설득이 되고, 학습이나 행동 변화를 이끌어낼 수 있었던 것이다.

마음 중심의 학생들은 정서적인 말과 언어를 통해서 유대감을 느끼고 전달된 내용들에 대한 심적 변화와 함께 행동 변화가 이루어지는 경향을 보였다. 심지어 기질이나 성격에 대해 고려하지 않고 무작정 훈계를 했다가 당황한 적도 있었다. 특히 장 중심의 고학년 학생들에게 차근차근 훈계한답시고 논리적이고 단계적으로 길게 말을 했을 때 힘들어하며, 때로는 참지 못하고 돌발 행동을 보이기도 했던 것이다.

이러한 모든 행동의 원인이 일정하게 기질이나 성격 유형의 차이에서 비롯되고, 또 교사인 나 자신의 기질 및 성격 유형과도 연관이 있음을 깨닫게 되었다. 기질과 성격 유형의 경향성을 알아두는 것은 학생들의 행동이나 학습을 이해하는 것뿐만 아니라 교사인 나 자신이 어떤 사람인가를 파악하는 데도 유효하다. 학생들의 기질적 특성과 성격, 강점과 약점, 수치스러워하는 부분과 자랑스러워하는 부분 등을 소통과 관계 형성, 학습과 생활지도, 교우관계에 적용했을 때도 꽤 효과적이었다.

　기질에 따라 학생이 가진 장점, 미덕, 가치 같은 내면적 요소를 잘 파악하고 칭찬의 말을 건넸을 때 마치 결핍된 영양소를 채운 것처럼 쑥쑥 성장하는 모습을 보인 것이다. 무엇보다 기질이나 성격에 따라 학습의 성과나 기대 효과를 칭찬하면 자존감과 행복감이 높아졌다. 기질이나 성격에 따라 하고 싶은 말이나 듣고 싶은 말이 다르다는 것을 확인할 수 있었다.

관건은 '듣고 싶은 말'을 제대로 파악하는 것

물론 교육 원칙에 관해서만큼은 교사의 공정성이 필요하다. 예컨대 칭찬은 결과보다 과정에 집중해야 한다는 교육 원칙은 어느 아이에게나 동일하게 적용해야 할 것이다. 하지만 같은 칭찬의 말이라도 어디에 더 중점을 두어야 하는지, 즉 집중점이 무엇인지가 조금씩 달라질 수 있다. 즉 아이마다 칭찬으로 듣고 싶은 말이 조금씩 다를 수 있다는 뜻이다.

　교사는 칭찬으로 한 말이었는데, 기질이나 성격에 따라 학생에게는 전혀 다르게 수용되는 오해가 발생하기도 한다. "든든하다."

"믿음직하다"라는 말을 최고의 칭찬의 말로 인식하는 학생이 있는가 하면 "빈틈없다." "완벽하다."라는 말을 더 선호하는 학생이 있다. 또 "선생님도 참 기쁘다." "부모님이 행복하시겠다."처럼 교사나 부모님 등 주변 사람들이 기쁘고 행복하다는 말을 칭찬으로 듣고 싶어 하는 학생도 있다.

듣는 사람에 따라 무엇에 좀 더 집중하는지는 학생들의 기질과 성격 특성에 많이 좌우된다. 따라서 학생들의 성향과 각자가 무엇을 우선순위에 두고 있는지를 파악해두면 여러모로 큰 도움이 된다. 학기 초에 학부모 상담, 학생 상담이나 기질, 성격 유형 등을 체크해볼 수 있는 다양한 도구를 통해서 기질이나 성격 유형을 파악해두는 것이 좋다.

특히 칭찬, 격려, 꾸중, 훈계 등 교육적 언어를 쓸 때는 기질과 성격에 맞게 아이의 입장에서 '듣고 싶은 말'을 해주는 노력이 필요하다. 누군가의 인생을 바꾼 선생님의 한마디는 바로 이렇게 탄생한 게 아닐까?

학생의 기질, 성격 그리고 마침 고민하고 있던 상황에 딱 맞아떨어질 때 학생의 진로나 인생을 바꾸는 한마디로 엄청난 힘을 발휘하게 되는 것이다. 하지만 무엇이나 그렇듯이 기질, 성격 또한 경향성을 반영해줄 뿐 절대적인 것이 아니라는 사실을 잊지 말아야 한다. 그리고 그 무엇보다 인간의 다양성과 변화 가능성에 대해 항상 열린 마음으로 다름을 인정하는 것이 소통의 기본이라는 사실 또한 기억했으면 한다.

나는 나대로, 너는 너대로, 우리 모두가 소중해

이솝우화에 나오는 이야기이다. 귀뚜라미 울음소리가 멋있다고 생각한 당나귀가 귀뚜라미에게 물었다. "넌 뭘 먹고 살기에 그렇게 고운 소리를 낼 수 있니?" 이에 귀뚜라미는 "이슬을 먹고 산단다."고 대답했다. 이 말에 당나귀는 그날부터 이슬만 받아서 먹었다고 한다. 당나귀는 어떻게 되었을까? 분명한 건 자기 자신을 부정한 당나귀에게 해피엔딩을 기대할 순 없다는 점이다.

당나귀도 자신의 고유한 울음소리가 있는데 자신의 장점에 집중하지 못하고 귀뚜라미를 부러워한 것이 안타까울 뿐이다. 누구나 한 가지 이상의 강점은 있다. 잠재력이라고 할 수 있는 이러한 강점을 발전시켜 나갈 수 있어야 한다. "남의 떡이 커 보인다."는 속담처럼 흔히 저지르는 실수가 자신의 재능이나 소질을 간과한 채 남을 부러워하며 열등감에 사로잡히는 것이다.

특히 현대사회를 살아가는 우리 학생들은 살벌한 비교와 경쟁이 일상화되다 보니 자존감이 낮아지고 상처와 열등감에 빠지기도 쉽다. 특히 협력을 미덕으로 삼아야 하는 대상인 친구와 비교를 당하거나 그 친구처럼 되라고 말하는 것은 고립감을 키워 더 큰 상처를 준다. 소위 '엄친아', '엄친딸' 같은 잘 나가는 누군가를 부러워하고, 그들과 끊임없이 비교를 당하게 하는 일상의 말속에서 학생들의 상처는 쌓여간다.

상처를 주는 말들이 쌓일수록 자신의 존재 의미나 강점, 재능은 하찮게 여기게 된다. 우리 교사들이 경계해야 할 것도 바로 이 점이 아닐까 한다. 아이들 각자의 개성을 인정하기보다는 교사의 눈높이에 맞춰 일반적인 우수한 기준을 정해놓고, 이에 부합되는 소수와 그렇지 못한 다수의 아이들을 알게 모르게 비교하고 있지는 않은지 돌이켜볼 필요가 있다.

우리는 아이들에게 누구나 한 가지 이상은 가지고 있는 자신의 강점과 재능에 주목하라고 말해주어야 한다. 또한 자신을 남과 비교하지 말라고 말해주어야 한다. 환경과 조건, 재능은 각자 다르기 때문이다. 하지만 이 간단한 진리는 생각보다 잊어버리기 쉽다. 따라서 때때로 일깨워주어야 한다. 무엇보다 중요한 것은 일상의 말하기이다. 스스로에게 좀 더 집중할 수 있는 말하기 습관을 길러주자. 꾸준히 반복되면 상처 받은 자존감을 회복하고, 치유의 언어 표현을 습관화할 것이다.

자존감 회복과 치유의 언어, '나 전달법'

서로에게 상처를 주지 않고, 자존감을 살리면서 소통하고 대화할 수 있는 방법은 무엇일까? 가장 쉽고 간단한 방법은 바로 자신이 주어가 되도록 말하는 것이다. 나-전달법(i-message)이라는 이름의 이 언어습관은 큰 도움이 된다. '나-전달법'이란 자신이 느끼는 생각이나 감정, 경험을 나를 중심으로 표현하는 것이다. "내가",

"나는" 등 나를 주어로 표현하려면 자신의 생각이나 감정, 느낌 등 자신의 내면에 주목하게 되고, 이런 경험이 일상에서 쌓이면 결국 스스로를 더 깊이 더 잘 이해하게 된다.

"내가 왜 화를 냈지?"
"나는 왜 슬프지?"
"내가 행복한 이유는 뭘까?"

이처럼 '나'를 주어로 표현하려면 현재 나의 상태나 감정, 생각에 집중할 수밖에 없다. 또 자신의 상태나 감정, 생각에 먼저 집중한 후에 이를 상대에게 표현하기 때문에 전달하고자 하는 바가 훨씬 잘 전달될 수 있는 것이다. 반면에 '네가', '너는' 등 너-전달법(you-message)으로 표현하게 되면 자칫 다른 사람의 행동이나 말을 자의적으로 해석하거나 평가하기 쉽다. 그 결과 의도치 않게 상대를 깎아내리게 되고, 상처를 줄 수도 있는 것이다. 이해를 돕기 위해서 다음의 두 가지 말을 서로 비교해보자. 얼핏 비슷해 보이지만, 두 말 사이에는 큰 차이점이 있다.

"너는 책을 아주 잘 고르는구나."
"나는 네가 고른 책이 맘에 든다."

둘 다 좋은 책을 골랐다는 것을 알려주는 말이지만, "너는 책을 아주 잘 고르는구나."는 말은 다른 사람의 행동을 평가하는 표현이 된다. 반면에 "나는 네가 고른 책이 맘에 든다."는 자신의 상태나 기분을 잘 전달하여 소통을 더욱 촉진할 수 있는 말이다. 자신의 생각이나 감정을 알아차리고 진실되게 말하는 것만으로도 사람들은 만족감과 함께 내적 회복력을 갖게 된다고 한다. 이런 소통의 경험들이 계속 쌓이면 '난 인정받고 괜찮은 사람'이라는 자존감과 만족감을 갖게 될 것이다. 즉 스스로를 존중하고 자신의 장점을 찾아서 발전시키는 행복한 사람이 되는 것이다.

그래서 일상의 대화에서 이렇게 '나-전달법'으로 말하는 습관을 기르는 것은 중요하다. 다른 사람과의 비교나 소모적인 경쟁보다 자신의 강점에 한층 집중할 수 있기 때문이다. 학생들은 성장하는 과정에 있으므로 격려와 지원이 필요하며, 쉽게 포기하지 말고 노력하도록 도와야 한다. 살면서 지금보다 훨씬 더 훌륭한 재능이 뒤늦게 발현될 수도 있기 때문이다. 자신에게 집중하면서 자신만의 재능과 강점을 찾아 노력하는 과정은 "드디어 내가 해냈어!"라는 자율감과 성취감까지 맛보게 해줄 것이다.

교사가 '나 전달법'을 활용해서 격려와 지원을 해준다면 교감과 소통에 큰 도움이 될 것이다. 추후 스스로의 가치를 깨닫게 되면 굳이 외부의 칭찬이나 보상 없이도 내적 만족감으로 활기와 활력을 얻을 수 있다. 즉 자신이 가진 장점, 미덕과 가치 등 내면적인 요소를 발견하고 나면 심리 정서적인 만족감이 높아져 내적 치유와 심리적 회복력을 가진 마음이 건강한 사람으로 성장하게 된다는 뜻이다. 다음은 아이들이 자기 자신의 장점을 발견하는 데 도움이 될 만한 질문들을 몇 가지 정리해본 것이다.

- 내가 나라서 좋은 점은 무엇일까?
- 나는 무엇을 할 때 기분이 좋아지나?
- 내가 닮고 싶은 인물은?
- 내가 불리고 싶은 별명은?
- 나를 색으로 표현한다면?
- 내가 힘들어도 계속하고 싶은 것은?
- 내가 잘한다는 말을 듣는 일들은?
- 내가 도전하거나 모험하고 싶은 것은?
- 내가 두려워하는 것은 무엇인가?
- 내가 기다리는 순간은 어떤 때인가?

질문,
뇌에 말을 걸어 창의성을 깨우다

"어, 핫초코가 하얀색이네?"

뇌는 아직까지도 많은 부분이 밝혀지지 않은 채 비밀에 가려진 미지의 세계다. 인간의 뇌에 대한 연구는 지금도 끊임없이 이루어지고 있다. 우리나라에서도 큰 인기를 얻고 있는 프랑스의 유명한 소설가 베르나르 베르베르가 쓴 소설 중 국내에서는 《뇌》라는 제목으로 번역되어 소개된 책이 있다. 그런데 이 책의 원제는 'L'Ultime Secret'로 해석하면 '궁극적 비밀'이라는 뜻이다. 그만큼 뇌는 궁극적 비밀로 남아 있는 부분이 많다는 뜻이다.

말이나 언어가 뇌에 미치는 영향

뇌에 관해서는 아직 미지의 영역이 많지만, 말이나 언어가 뇌에 주는 영향에 관해서는 비교적 확실하게 알려진 편이다. 특히 언어의 사용이 뇌의 발달과 상호작용하면서 서로 깊은 영향을 미친다는 사실은 생활 속에서도 확인할 수 있다. 누구나 긴장되거나 떨리는 상황에서 말을 해야 할 때 '머릿속이 하얗게' 되었다거나 '무슨 말을 했는지 전혀 기억나지 않는' 경험 등이 그러하다.

이처럼 새로운 정보와 긴장된 상황 등 주변 환경은 뇌와 언어, 말하기 등에 영향을 준다. 또 뇌의 손상이나 이상이 언어와 말하기에 영향을 준다는 것은 알츠하이머 같은 뇌 질환 증상에서도 잘 드러난다. 예컨대 낱말이나 어휘를 기억해내지 못하여 생활의 어려움을 겪는 사례들은 익히 알려져 있다.

뇌와 언어, 언어 발달과 뇌의 발달은 서로 깊게 연관되어 있으며, 끊임없이 영향을 주고받는다. 그런데 특히 교육적으로 우리가 주목해야 하는 사실 중 하나가 폭력적인 언어에 지속적으로 노출될수록 뇌 발달에 치명적인 손상을 가져온다는 점이다. 폭력적인 언어 사용은 학습이나 기억, 감정과 관련된 역할을 수행하는 뇌의 해마를 손상시키는데, 그 결과 기억력과 학습 능력이 떨어지는 것은 물론 정서 불안과 우울증, 폭력적 충동에 노출될 위험이 무려 2배 이상 높아진다고 한다.

EBS의 〈언어폭력 개선 프로젝트〉라는 다큐프로그램에서 이를 사실적으로 보여주었다. 중학생을 대상으로 지속적으로 욕을 사용하는 그룹과 그렇지 않은 그룹을 서로 비교해본 결과 욕을 사용하는 그룹은 어휘력과 인지능력이 낮아져 학습력이 떨어졌다. 그뿐만 아니라 욕을 일상적으로 사용하는 집단은 사회성 검사에서도 수치가 낮고 충동성 또한 높다는 결과를 보여준 것이다. 폭력

적인 언어 사용이 학습에 악영향을 미치는 것은 물론 실제 폭력적
인 위험 행동으로까지 이어질 수 있다는 심각성을 경고해준 것이
다. 한창 뇌가 발달하는 왕성한 시기에 있는 학생들에게 바람직한
언어 사용과 환경을 마련해주는 게 얼마나 중요한지 다시 한 번
생각하게 해주었다.

뇌 발달을 촉진하는 언어 환경이란?

언어는 양면성을 가지고 있다. 언어는 인간만이 가진 유일한 의사
소통과 표현의 수단이자 인간의 지적 능력을 향상시키는 주요한
도구이지만, 폭력적인 언어는 보이지 않는 흉기가 될 수도 있다는
뜻이다. 그래서 지적 능력과 전인적인 뇌 발달을 촉진하는 데 바
람직한 언어 환경의 조성이 중요한 것이다.

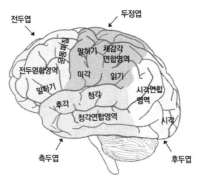

※자료: 한국과학문화재단 사이언스올(www.scienceall.com)

뇌의 영역

그렇다면 지적 능력과 전인적인 뇌 발달을 촉진하는 바람직한 언어 환경은 어떤 것을 말하는가? 여러 가지가 있겠지만, 고정관념에 사로잡혀 있는 뇌에 새로운 정보와 적절한 자극을 주는 것이 필요하다. 여러분 혹시 이런 광고를 본 적이 있는가?

손녀: 어, 짜장면이 하얀 색이네?
할아버지: 하얀 짜장도 있지~. 안 먹어봤구나?

할아버지: 핫초코가 하얗네?
손녀: 핫초코가 하얄 수도 있지~. 안 먹어봤구나?

이 귀여운 대화는 모 회사의 핫초코 광고에서 손녀와 할아버지 사이에 오갔던 대화 내용이다. 이 짧은 대화를 통해서 짜장면과 핫초코는 까맣다고 알고 있는 대중들의 고정관념을 깨는 동시에 하얀 짜장과 하얀 핫초코가 있다는 것을 단박에 일깨워준다. 새로운 자극을 주는 말을 서로 똑같은 라임으로 주고받으며, 발상을 전환한 제품의 특징을 알기 쉽게 전달한 것이다.

고정관념 속 짜장면과 핫초코와는 전혀 다른 색을 가진 음식에 대해 호기심을 자극하는 질문을 주고받음으로써 이를 구매 욕구로까지 연결될 수 있게 구성한 것이다. 뇌에 새로운 자극을 주는 말과 대화를 통해 광고하는 상품에 대한 구매 욕구를 촉진한 좋은 예라고 생각한다.

과학의 기본은 국어입니다. 모든 것은 문장 속 단어에서 시작되죠. 문장을 읽고 그 세계가 머릿속에 연상되느냐 아니냐, 연상능력이 있으면 이해할 수 있어요. 다음은 흡수한 지식을 머릿속에서 그림으로 그려 발전시킬 수 있느냐, 없느냐가 관건이죠. 수학은 '계산'이라는 이미지가 강할지도 모르지만 수식은 기본적으로는 '말'이예요.[46]

2012년 노벨 생리의학상을 수상한 야마나카와 2008년 노벨 물리학상을 수상한 마스카와. 이 두 과학자의 대담은 말을 통한 뇌 발달과 새로운 발상, 즉 창의성의 메커니즘을 확인할 수 있다. 인간은 언어와 말이 출발점인 셈이다. 모든 것은 문장 속 단어에서 시작하고 문장을 읽고 연상이 되면 이해할 수 있다고 했다. 언어와 말을 통해서 뇌를 자극하면 새로운 발상을 할 수 있고, 이는 지적 발달과 창의성의 발현으로 이어질 것이다.

어떻게 해야 두뇌에 말을 걸 수 있나?

말만 잘해도 두뇌에 바람직한 자극을 줄 수 있다니. 말 한마디에 더욱 책임감을 느껴야 할 것 같다. 그렇다면 교실에서 어떻게 해야 두뇌에 말을 걸어 발상을 전환시키고 창의성을 개발할 수 있을까?

---

46. 야마나카 신야 · 마스카와 도시히데. 《새로운 발상의 비밀》(김소연 옮김), 해나무, 2014, p.59

첫째, 연상이나 상상으로 뇌를 자극할 수 있는 **오감 언어**를 적극 활용해야 한다. 인간의 뇌는 가상이든 현실이든 구분하지 않고 다섯 가지 감각에 의한 오감 언어 표현에 대해 특정 신경망이 활성화되고 화학물질까지 분비된다고 한다. 경우에 따라서는 정서적인 반응과 변화까지 동반한다. 시각, 청각, 미각, 촉각, 후각 등 오감에 대한 언어와 말은 자연스럽게 연상을 일으킨다. 즉 연상 활동은 뇌의 자극과 발상의 전환을 가져올 수 있다는 것이다. 예컨대 시각 언어, 즉 모양, 형태, 색 등은 기존의 경험과 함께 새로운 조형적 연상을 가능하게 한다. 달다, 쓰다, 시다, 맵다 등의 미각 언어는 '어떤 맛일까?' 하는 호기심과 맛을 언어로 표현해야 하는 과정에서 뇌의 호기심을 자극한다. 또한 청각이나 촉각, 후각 역시 기존 지식이나 경험으로 가지고 있는 정보와 함께 새로운 자극으로 발상의 전환을 가져올 수 있는 언어이다.

이런 오감에 의한 감각 표현은 직접 느끼거나 연상된 것을 언어로 표현하는 과정에서 기존 표현의 부족함을 채워주는 새로운 감각 통합적 표현을 만들어내기도 한다. "짜릿한 냄새가 난다"든지, "부드럽고 따뜻한 소리가 들린다"든지 하는… 교실에서도 오감을 통한 감각 언어를 적극 활용해서 질문하고 대화하자. 오감을 통한 감각언어 질문을 예시하면 다음과 같다.

- 어떤 맛이 날까?
- 무슨 재료가 들어 있을까?

- 어떤 느낌일까?

- 무슨 소리와 비슷하니?

- 어떤 모양을 닮았을까?

- 이 모양에서 무엇이 떠오르지?

- 무슨 냄새가 날까?

- 왜 이런 냄새가 나는 걸까?

- 무슨 색이지?

- 어떤 색으로 하면 좋을까?

둘째, 관찰과 기억을 통한 시공간 감각 언어라고 할 수 있다. 어떤 사물이나 인물, 어떤 일이 일어난 순서, 사물이 놓여 있는 공간, 시간의 순서에 따라 변화된 사물이나 인물, 공간에 따라 달라진 점, 특정 장소에서 만난 사람 등 관찰과 기억 통해 형성된 시공간 감각 언어는 뇌의 발달을 촉진하고 자극한다. 시공간 감각 언어를 활용한 질문법의 예시는 다음과 같다.

- 언제 본 물건일까?

- 어디서 일어난 일이지?

- 그곳에 어떤 물건이 있었지?

- 언제 생긴 일이야?

- 오늘 한 일은 무엇이지?

- 내일 할 일들은 어떤 것이 있을까?

- 그곳에서 누구를 보았지?

- 어제 만난 사람들은 누구였어?

- 어떤 일을 하고 있었어?

- 달라진 건 없었어?

셋째, 당면한 상황이나 과제에 집중하여 직관력과 창의력을 개발하는 언어나 질문들이 있다. 분석과 개념화, 비교나 분류, 인과관계 등을 생각하게 하는 말과 질문들 또한 두뇌를 활성화시킨다. 문제해결력이라고도 하는 이 과정을 통해서 그동안의 정보와 경험들을 통합하고 재구성하다 보면, 때로는 세상을 깜짝 놀라게 할 만한 새롭고 창의적인 발상들이 탄생할 수도 있다. 직관력과 창의력을 개발하는 언어 질문법의 예시는 다음과 같다.

- 뭐라고 이름을 붙이면 좋을까?

- 어울리는 말은 뭘까?

- 어떻게 다르지?

- 가능한 방법은 뭘까?

- 왜 그럴까?

- 누구와 함께 하면 좋을까?

- 어떤 방법으로 만들었을까?

- 다른 방법을 찾아볼까?

- 나라면 어떻게 할까?

- 어떻게 바꿔볼까?

이상에서 살펴본 내용들을 여러분의 교실에서도 적극 응용해서 활용해보기를 권한다. 교사가 말로써 교육과정에 포함된 다양한 지식을 전달하는 것도 물론 중요하다. 하지만 4차 산업혁명 시대를 살아가야 할 우리 아이들에게는 스스로 배움에 호기심을 느끼고 자발적으로 배움에 임하도록 뇌를 깨워주는 선생님의 말이 꼭 필요하지 않을까?

학부모 상담,
질문과 격려로 마음을 열어라

"어머니, OO이는 집에서도 잘하죠?"

나는 《작은 시작》이라는 책을 읽다가 다음의 문장에 크게 공감하였다.

> 확고하게 말하고자 할 때 저지를 수 있는 가장 큰 실수는 당신의 생각
> 과 감정을 표현하는 것에 우선순위를 두는 것이다.[47]

돌이켜보면 나는 학생을 가르칠 때나 학부모와 상담을 할 때나 또는 동료 교사들과 함께하는 모든 교육 활동에서 내 생각과 감정이 앞설 때가 많았다는 생각이 들어 반성하게 되었다. 비단 교육 활동뿐만 아니라 살아가면서 늘 경계해야 할 것이 바로 자신만의 생각에 고립되고 매몰되는 것이라고 생각한다. 자신의 생각이나 감정만 우선시하다 보면 아무래도 학생과 학부모 또는 동료 교사 등

---

47. 존 맥스웰·레스 패로트, 《작은 시작: 신뢰를 얻는 25가지 심리 기술》(한근태 옮김), 다산북스, 2008

주변 사람들의 생각이나 감정을 제대로 살피지 못하고, 소홀해지기 쉬운 법이기 때문이다.

내 감정만을 앞세울 때의 문제

자신의 생각과 감정만을 중요시할 때의 가장 큰 문제는 무엇일까? 바로 자신의 생각과 감정에 도취한 나머지 그것이 틀릴 수도 있다는 것을 까맣게 잊어버리게 된다는 점이다. 이런 사람들은 다른 사람에게 자칫 이기적이고 고집스러운 사람으로 보이기 쉽다. 요즘 표현으로 치면 '불통의 아이콘'인 셈이다.

소통의 기본은 학생이나 학부모 또는 동료 등 소통 상대의 생각과 감정을 살피는 것이다. 그것이 전제된 후에 상대에게 공감을 표현하고 자신의 의견을 보태 결론에 이르는 방법을 함께 고민해야 한다. 먼저 주의 깊게 듣고, 그에 관해 묻고 나서 자신의 생각이나 느낌을 표현하고 말해야 한다는 뜻이다.

아직 경험이 부족하던 시절, 학부모 상담을 하다 보면 내 생각과 감정이 앞서 나도 모르게 크고 작은 말실수를 한 적이 있다. 때로는 내가 상대방에게 상처를 주었다는 것조차 깨닫지 못하고 무심히 넘어갈 때도 있었다. 시간이 흐른 후에 그제야 '아차' 싶어 후회했던 적이 한두 번이 아니다. 사실 지금도 내 감정과 생각보다 상대의 감정과 생각을 먼저 배려한다는 게 쉽지는 않다. 하지만

교사에게는 이러한 태도가 가르침의 큰 자산이므로 끊임없이 노력할 수밖에 없을 것 같다.

학부모의 마음을 열어라!

대화의 문을 여는 첫 번째 열쇠는 무엇일까? 나는 **질문**이라고 생각한다. 사실 보통의 대화는 주로 질문과 대답으로 진행된다. 서로 어떤 질문을 주고받느냐에 따라 즐겁고 깊이 있는 대화가 이루어지기도 하고, 지루하고 겉도는 형식적인 대화로 끝나기도 한다. 좋은 질문은 대화를 편안하게 이끌어내면서 상대가 자연스럽게 내면의 생각과 감정을 표현하도록 하여 본질에 닿게 만든다.

특히 학부모와의 대화는 자칫 서먹서먹한 분위기에서 형식적인 이야기만 오갈 수 있다. 이때야말로 질문이 힘을 발휘할 때다. 좋은 질문은 학부모 마음의 문을 활짝 열어준다. 학부모 상담에서 대화의 주요한 화제는 거의 '학생'과 관련된 것이라는 점에서 모두 동의할 것이다. 그저 사담이나 나누려고 학부모 상담을 하는 교사는 없을 테니 말이다. 따라서 학부모 상담에서는 주로 학생의 평소 관심사나 장래 희망, 힘들어 하는 것, 기뻐하거나 좋아하는 것, 소중하게 여기는 것, 장점이나 단점이라고 생각하는 것, 자랑스러워하는 일 등이 주요 화제가 될 수 있다. 따라서 이와 관련된 질문은 학부모로 하여금 교사가 자녀에게 깊은 애정과 관심을 갖고 있음을 깨닫게 해주는 주요 신호가 된다.

> "민수는 집중력이 참 좋아요. 어릴 때도 그랬나요?"
> "윤지는 독서를 좋아해요. 집에서도 책을 많이 읽는 편인가요?"
> "영수가 부쩍 성적이 올랐어요. 집에서도 공부 열심히 하죠?"

이러한 사소한 질문을 통해서 대화의 물꼬를 틀 수 있고, 아이에 대한 좀 더 깊은 이야기로 자연스럽게 발전하게 된다. 아울러 학부모의 입장에서는 신뢰와 배려 받는 기분으로 대화를 시작할 수 있다. 이런 상태에서 학부모 또한 고민을 포함해 진솔한 대화를 이어갈 수 있게 된다.

> "이렇게 깊은 관심을 보여주시는 것만으로도 이미 좋은 부모이십니다."

학생에게만 격려가 필요한 것은 아니다. 학부모에게도 **격려의 말**은 꼭 필요하다. 격려의 말은 "마음을 배부르게 하며, 영혼의 산소다"라는 말도 있다. 배불리 잘 먹었을 때 나타나는 생리적인 현상은 무엇인가? 마음이 편안해지며 한결 너그러워진다. 산소가 풍부한 한적한 숲속을 거닐 때는 또 어떠한가? 코를 간지르는 상쾌한 기운에 정신이 맑고 또렷해지며, 가슴과 어깨가 절로 활짝 펴졌던 경험을 떠올려보라. 격려의 말은 이처럼 대화 상대를 편안하고 상쾌하게 해주는 보약이다.

만약 대화를 시작하기 전에 상대가 초조하거나 긴장된 상태라면 정상적인 듣기와 말하기는 불가능하다. 이런 상태에서 대화가 제대로 진전될 리 만무하다. 이럴 때 격려의 말은 마법 같은 힘을 발휘한다. 따뜻한 격려의 말을 통해 어느새 긴장과 초조함에서 벗어날 수 있기 때문이다. 단, 아무 말이나 막 던져서는 곤란하다. 대화 상대의 현재 상태를 있는 그대로 보고 기대나 압박에서 벗어날 수 있도록 돕는 말이어야 한다. 대화에 집중할 수 있도록 신뢰와 존중을 표현하는 것도 좋다. 답답하기 그지없는 꽉 막힌 공간에 산소를 공급하듯 상대에게 용기와 의욕을 갖게 하고 변화를 가져오게 하는 마법이 바로 격려의 말이다.

학부모와 대화를 시작할 때 교사가 적절한 질문과 격려의 말을 건넬 수 있다면, 한층 훈훈한 분위기에서 깊이 있는 대화를 이어갈 수 있을 것이다. 이어서 좀 더 구체적인 몇 가지 제안을 해보고자 한다.

날씨와 같은 친근한 일상 대화로 시작한다

처음 만난 사람에게도 부담 없이 건넬 수 있는 말이 바로 날씨에 관한 얘기다. 영화나 드라마 등을 봐도 마찬가지다. 날씨에 관한 이야기로 대화의 문을 여는 경우를 흔히 볼 수 있다. 특히 상대에게 중요한 정보를 알아내야 하는 첩보영화의 경우는 하늘, 바람,

눈 등 날씨를 소재로 대화를 시작하는 경우가 많다.

학부모들과의 상담에서도 첫인사 후 서로 어색한 상태로 더 이상 대화를 이어나가지 못한 채 묘한 침묵에 빠질 때가 있다. 그렇다고 앞뒤 자르고 바로 본론으로 들어가려니 웬지 자연스럽지 못한 것 같다. 이러한 때에 날씨 얘기를 시작으로 자연스럽게 소통을 이어갈 수 있다.

"어머니, 오늘 모처럼 날씨가 참 좋죠?"

"요즘 미세먼지가 극성인데, 참 큰일이에요."

"찜통더위에 어떻게 지내셨어요?"

"날씨가 너무 춥죠? 여기가 서울인지 시베리안지 모르겠어요~"

학생에 관한 다양한 정보를 듣는 데 중점을 둔다

특수한 경우를 제외하고 학부모는 학생을 갓난쟁이 시절부터 주욱 지켜봐온 사람들이다. 그렇기 때문에 아이들에 관한 세세한 정보를 교사보다 더 많이 알고 있다. 일반적인 학부모 상담에서는 학부모로부터 학생 지도에 필요한 여러 가지 특성이나 정보를 듣는 데 중점을 두는 것이 바람직하다. 즉 그들에게 정보를 이끌어내서 주의 깊게 듣는 것이 그만큼 중요하다는 뜻이다. 예컨대 다음과 같은 질문으로 정보를 이끌어낼 수 있다.

"어머니, 인호는 나이에 비해 참 점잖고 듬직해요. 원래 집에서도 말수가 별로 없는 편인가요?"

"미영이가 발표를 참 좋아했는데, 요즘은 어쩐 일인지 수업시간에 조용하기만 해요. 혹시 집에서도 예전과 조금 달라진 점이 있나요?"

그런데 의외로 학부모 상담에서 대부분 교사들은 "부모에게 학생에 대한 어떤 이야기를 들려주어야 하나?"라는 점만 고민한다. 솔직히 나도 다르지 않았다. 하지만 대화를 나누다 보면 실제 학생의 상태나 변화 방법 등에 대해서 학부모들이 더 많이 알고 있는 경우가 꽤 많았다. 중요한 것은 학부모가 부담 없이 진솔하게 털어놓을 수 있도록 수용적인 대화 분위기를 조성하는 것이다. 학부모의 이야기를 경청하고 공감하는 태도는 분명 학부모 상담의 만족도와 효과를 높여줄 것이다.

학부모 상담의 핵심은 교사의 질문이다

학부모 상담 전에 교사가 반드시 준비해야 할 것이 있다. 바로 학생에 대해서 교사가 평소 궁금해 하고 있는 한두 가지 질문이다. 이 질문은 교사 입장에서 학생의 성장에 꼭 필요한 포인트가 되는 내용이라고 할 수 있다. 그런데 질문의 내용도 중요하지만, **어떻게** 물어보느냐가 훨씬 더 중요할 수 있다. 우선 첫 질문은 포괄적으로 해야 한다. 예컨대 다음과 같다.

"요즘 수현이의 생활에 대해 어떻게 생각하세요?"

이러한 포괄적 질문은 학부모의 의견이나 감정 등을 자연스럽고 폭넓게 이끌어낼 수 있다. 때로는 이 질문 하나로 교사가 궁금한 정보들이 꼬리에 꼬리를 물고 이어질 수 있다. 그리고 "수현이가 고집이 심한가요?"라는 직접 질문보다는 "수현이가 고집을 세울 때는 어떻게 하시는지 궁금해요?"라는 **간접 질문**이 상담 분위기를 부드럽게 한다. 직접 질문보다는 간접 질문을 받았을 때 상대가 존중받는 느낌을 받기 때문이다.

낙인을 찍는 듯한 단정적인 표현은 금물

'낙인효과(stigma effect)'라는 것이 있다. 어떤 사람을 나쁜 사람으로 낙인(烙印, stigma) 찍으면 그 사람에 대한 부정적 인식이 쉽게 사라지지 않는다는 이론이다. 그렇기 때문에 교사는 상담 전에 학생이나 학부모에 대해 선입견, 특히 부정적인 선입견을 갖지 않도록 주의해야 한다. 이러한 선입견이 필터로 작용하여, 자칫 의미 있는 주요 정보들을 흘려보내는 우를 범할 수 있기 때문이다.

또한 상담 중에도 섣불리 판단하는 태도는 상담을 망칠 수 있다. 부모는 아이들을 위해 나름 최선을 다하고 있다고 생각하는데, 교사가 선입견을 가지고 옳고 그름을 판단하면 대화나 상담에 악영향을 미칠 수밖에 없다. 예컨대 다음과 같은 교사의 단정적인 말은 위험할 수 있다. 자칫 학부모가 마음을 닫아버려 더 이상 대화를 진전시킬 수 없기 때문이다.

"영미는 아무래도 사회성이 좀 부족하죠."
"지수는 소심해요. 토론시간에 통 자기 의견을 말하지 못한답니다."
"지훈이는 수학에 아예 관심이 없어 보여요. 수학 시간만 되면 딴짓하기에 바쁘죠."

또한 학부모와 눈을 맞추면서 표정과 자세 등도 따뜻함과 친절함을 잃지 않도록 노력해야 할 것이다. 여러 명의 학부모와 상담을 해야 하는 교사로서는 쉽지 않겠지만, 학부모 개개인에게는 한번이라는 점을 잊지 말아야 한다.

이 세상에 장점만 있는 사람도, 단점만 있는 사람도 없다. 또한 누군가의 장점이 평생 장점이란 보장도 없고, 단점도 마찬가지다. 성장과 발달 과정에 있는 학생의 단점은 관점에 따라서 얼마든지 장점이 될 수 있다. 상담 시 교사는 이런 양면성에 주목하고 단정해버리지 않도록 표현에 특히 더 주의해야 한다. 객관적인 사실에 주목하되 가급적 긍정적이고 미래 지향적인 관점으로 너그럽게 해석하고 표현하는 것이 좋다. 그리고 가정과 학교에서 시간을 좀 더 두고 상황과 행동 변화 등을 깊이 있게 관찰할 수 있도록 여지를 남겨두는 것도 중요하다.

다양한 상황에서 교사의 품격을 지키는 말하기

지금까지 우리는 학부모 상담과 관련해서 격려와 질문의 중요성을 중심으로 살펴보았다. 여러분에게 좀 더 실용적인 도움을 주고 싶은 마음에 몇 마디 더 덧붙이려고 한다. 학부모와 상담을 하다 보면 종종 난처한 상황에 부딪히며 당황할 때가 있다. 이때 적절한 응답을 하지 못해 대화가 도중이 중단되는 경우가 더러 있을 것이다. 아래에 제시한 몇 가지 구체적인 상황에 대한 예시와 답변은 여러분에게 조금이나마 도움이 될 것이라고 생각한다. 이미 알고 있는 내용이라고 하더라도 자신의 응답이 적절했음을 확인해볼 기회가 될 것이다.

학부모가 수용하기 어려운 의견을 제안하는 경우

학부모와 상담을 할 때 아무리 학부모에 대한 교사의 수용적인 태도가 중요하다고 해도 가끔 도저히 받아들일 수 없는 요구를 하는 학부모도 종종 만나게 될 것이다. 그럴 때 "지금까지 이렇게 해왔고, 별 문제 없었어요."라고 말하며 넘길 수도 있겠지만, 다음과 같이 말해보면 어떨까?

"학부모님이 제안한 의견도 검토해본 적이 있었지만, 다른 많은 선생님
과 함께 경험을 바탕으로 의견을 나눈 결과 결정된 것입니다."

교사의 교직 경력에 대해 표현할 경우

초임교사나 교직 경력이 짧은 교사는 학부모 상담에서 위축되기
쉽다. 특히 "선생님이 너무 젊으시네요? 혹시 교직 경험이…"라며
물어오는 학부모 앞에서 순간 말문이 막히는 경우도 있을 것이다.
당황하지 말고 당당하게 이야기하자.

"올해 첫 해입니다. 교직 경험은 부족하지만 교육과정이나 학급 운영은
경험이 풍부한 동학년 선생님들과 함께 연구하고 운영할 것입니다. 또
학생들에 대한 열정만큼은 최고입니다."

교과 학습에만 집착하는 경우

학교에서 이루어지는 모든 것이 의미 있는 교육 활동이지만, 때
로는 교과와 직접적으로 관련된 수업 외에는 모두 놀이라고 생각
하는 편견을 가진 학부모들도 더러 있다. 예컨대 "6학년인데 너무
놀기만 해요. 이제 중학교에 가려면 공부를 좀 더 해야 하지 않나
요?"라고 걱정하는 학부모도 만날 수 있는 것이다. 그럴 때도 학부
모의 마음이 상하지 않도록 차분히 설명을 해주자.

"교과 공부와 함께 학교생활에서는 교우관계나 사회적인 소통의 방법

을 배우는 것 또한 중요한 공부입니다. 미래 사회에 필요한 최고의 역량은 성공적인 인간관계와 소통 능력이라고 합니다."

자신의 아이에게만 더 많은 관심을 요구하는 경우

부모의 눈에 자녀는 세상에서 가장 특별한 존재다. 특히 한 자녀 가정이 늘어나면서 자녀에 대한 과잉보호, 과잉관심을 쏟는 학부모들도 적지 않다.

교사는 학생 각자의 개성을 인정하고 존중해주는 사람이다. 하지만 그렇다고 특정한 누군가에게만 신경을 더 쓸 수는 없다. 만약 학부모가 "우리 지은이에게 선생님이 좀 더 관심을 갖고 예뻐해주세요."라고 말하며, 은근히 특별 대접을 요구한다면 다음과 같이 이야기해주면 좋을 것이다.

"지은이는 예쁘고 사랑스러운 학생입니다. 지은이에게 관심을 갖고 잘 보살피겠습니다. 담임교사로서 지은이뿐만 아니라 우리 반 학생들 모두 가정에서 소중하기 때문에 모든 학생들에게 골고루 관심과 사랑을 줄 수밖에 없습니다. 그렇기 때문에 학급 공동체생활에서는 가정만큼의 관심과 주목을 받을 수 없는 경우도 있습니다만, 그런 부딪침 또한 사회적인 존재로 성장하고 발달해가는 과정이 아닐까요?"

자녀의 변화나 발전이 느리다고 조급해 하는 경우

아이마다 성장 발달 속도는 천차만별이다. 하루하루 달라지는 게 눈에 보이는 아이가 있는가 하면, 어쩐지 계속 그 자리에 머물고 있는 것처럼 보이는 아이도 있다. 하지만 제자리에 멈춰 있는 것처럼 보이는 달팽이가 실은 조금씩 움직이고 있듯이 얼핏 보기에는 별다른 변화가 없어 보여도 아이의 내면에서는 변화를 일으키기 위한 활발한 움직임이 일어나고 있을 수 있다. 조급해 하는 학부모에게는 다음과 같은 이야기가 도움이 될 것이다.

> "아이들에게는 기다려주는 것이 참으로 중요합니다. 개개인마다 성장과 발달의 속도나 과정의 차이가 있기 때문이지요. 느린 아이일수록 자신감과 의욕을 갖도록 배려해주는 것이 도움이 됩니다."

자녀를 지나치게 과소평가하는 경우

때로는 자녀에 대한 기대치가 매우 낮은 부모를 만날 때가 있다. 자녀의 능력을 지나치게 낮게 평가하는 학부모에게는 학생의 객관적인 한두 가지 장점 위주로 긍정적인 면을 부각시켜서 안정적 분위기를 만드는 게 중요하다. 그리고 학부모의 긍정적 기대와 지원이 학생의 발전에 중요한 요소임을 알리고 협조를 구하자.

> "민지는 차분하고 세심하게 주어진 과제를 끝까지 처리하는 장점이 있어요. 앞으로 발전 가능성이 많은 학생이라고 생각합니다. 이런 부분에 대해 어머니께서 민지를 인정해주시고 꾸준히 칭찬해주시면 민지의 학습 의욕이 좀 더 살아날 것이라고 생각됩니다."

자녀를 지나치게 과대평가하는 경우

자녀를 과소평가하는 것도 문제지만, 반대로 현실과 동떨어진 이상적인 수준에서 자녀를 바라보는 경우도 있다. 학부모가 보는 자녀의 장점에 대해서 동의하고 인정해주는 한편 주변의 지나친 칭찬과 기대가 부담감으로 작용할 수도 있음을 알려준다.

"동민이는 성취 의욕이 높고 교과 학습도 우수합니다. 학교에서도 즐겁게 잘 지내고 있죠. 학교 공동체생활에서는 무엇보다 친구들과 즐겁게 잘 지내는 것이 참 중요합니다. 너무 칭찬과 기대만을 의식해서 목표 달성에 매달리다 보면 지금 같은 배움의 즐거움이 사라질지도 모릅니다. 부담감 때문에 과정보다 결과만 중시하지는 않는지 가정에서도 늘 살펴봐 주시면 감사하겠습니다."

학생의 진학진로에 대해 어려움을 호소하는 경우

아직까지 우리나라 학부모들의 최대 관심사는 아무래도 진학 문제일 것이다. 특히 성적이 애매하고, 특별히 잘하는 것이 불분명한 경우에는 더더욱 답답함을 호소하는 학부모가 많다. 이러한 경우에는 학생을 먼저 상담해보고 나름의 뚜렷한 목표가 있는지를 먼저 확인해보는 것이 좋다. 만약 본인의 희망이 분명하다면 이러한 내용을 바탕으로 상담을 진행해보자. 예컨대 눈에 띄는 성적은 아닌데, 디자인에 관심이 많고 유튜버를 꿈꾸는 학생이 있다고 하자. 이런 경우 다음과 같이 이야기해주면 좋을 것이다.

"예은이와 함께 이야기해보니 디자인에 관심도 있고, 그런 관심을 살려 유튜버가 되고 싶다는 말도 하더라고요. 디자인을 좀 더 깊이 공부하고 싶은 마음이 크다면 예고 디자인과에 진학해서 대학도 전공을 살리는 게 좋겠죠. 하지만 전문 디자이너보다 유튜버로서 좀 더 관심이 있다면 일반고에 진학해서 꿈을 이루도록 여러 경로로 도움을 주는 방법도 있습니다."

위의 예시들이 정답은 아닐 것이다. 중요한 것은 학부모 상담을 통해서 교사는 학생을 가르치는 데 도움이 될 만한 정보를 학부모로부터 얻어야 한다는 점이다. 학부모 또한 상담을 통해 자녀가 학교에서 어떻게 생활하고 있는지를 확인할 수 있어야 한다. 아울러 혹시 학생에게 문제가 있다면 학부모 상담은 교사와 학부모가 함께 힘을 모아서 이를 해결하기 위해 노력하는 기회의 장이 되어야 한다. 모쪼록 학부모 상담이 형식적인 대화로 끝나지 않고 학생 개개인이 학교생활에 더욱 충실해질 수 있는 소중한 기회가 되었으면 한다. 나아가 상담이 학교와 가정을 이어주는 끈이 되어줌으로써 학교생활이 아이의 현재와 미래에 더욱 긍정적인 영향을 미칠 수 있게 되기를 바란다.

이제부터는 필자들이 실제 겪었던 에피소드들을 바탕으로 학생은 물론 우리 자신까지 변화시킨 '선생님의 말'과 그 힘에 관해 이야기해보려 한다. "마음속으로 믿고 행동하는 대로 현실로 이루어진다"는 피그말리온효과는 교육학에서 교사의 기대와 긍정적 발언이 학생들의 행동 변화는 물론 성적도 향상시킬 수 있다는 것을 검증해주었다. 말의 힘을 마음 깊이 새기는 말공부를 통해서 선생님의 말은 학생들의 자존감을 높이고 긍정적인 성장을 이끌어낼 것이다. 그리고 이것은 학생들의 성장에 머물지 않고 교사도 한층 더 성장하게 해줄 것이다.

선생님의 말,
학생은 물론 교사 자신을 바꾸다

말공부를 통해 교사와 학생이 함께 성장하다

첫 번째 이야기.
첫 수업의 날카로운 추억

"내 이름을 불러줘"

매년 3월 새 학년이 시작되는 첫날, 교실 문을 열고 들어서는 순간은 매번 떨리고 긴장된다. 교직 경력이 제법 쌓여 익숙해질 법도 하련만, 지금도 첫날의 떨림과 긴장감은 여전하다. 교실 문을 열고 처음 들어서는 순간 나를 향하는 눈빛과 정적은 언제나 새롭고, 그 순간만큼은 마치 초임 교사로 돌아간 듯 착각에 빠지게 된다. 그리고 진짜 초임 교사였던 첫 수업이 자연스레 떠오른다.

나는 아이들 앞에서 초짜 선생 티를 내지 않을 만큼 나름 준비된 교사라고 자신했다. 하지만 첫 수업을 하러 교실 문을 연 순간 말 그대로 '내 머리 속의 지우개'가 작동한 듯 아무 생각도 나지 않았다. 침묵 속에서 나만 뚫어져라 바라보는 아이들의 부담스러운 시선부터 피하고 보자는 생각에 뒤돌아서 칠판에 몽당 분필로 내 이름을 크게 쓰고 심호흡을 하며 정신을 차렸다. '이제 다시 뒤돌아서야 하는데, 무슨 말부터 해야 하지?'

그 와중에도 가장 걱정된 건 초짜 선생 티를 왕창 내서 아이들에게 우습게 보이면 어쩌나 하는 것이었다. 아직 할 말이 미처 정리되지 않은 채 뭉그적거리며 돌아서는데, 어디선가 한 학생의 목소리가 내 귀에 꽂혔다. "정애순 선생님이시다!" 내 이름을 듣는 순간 그제야 정신이 돌아왔다. "그래, 나는 정애순 선생님이야. 올해 너희들 담임선생님이지." 긴장감 탓에 아무것도 생각나지 않던 나는 내 이름을 불러준 학생 덕분에 첫 수업을 무사히 마칠 수 있었다. 이름을 불러준다는 것이 얼마나 고맙고 의미 있는 일인지 새삼 절실하게 깨달은 첫 수업이었다.

나는 그날 이후 새 학년이 되면 학생들 이름 외우기를 최우선 과제로 하고 있다. '이름을 불렀을 때' 비로소 서로에게 의미 있는 존재가 되고 새로운 관계로 발전할 가능성이 열린다. 김춘수의 시처럼 이름을 불러주었을 때 비로소 꽃이 되고, 그 이름은 개개인의 빛깔과 향기에 어울리는 세상에 단 하나뿐인 꽃이 되는 것이다. 이렇게 첫 수업에서 학생이 불러준 내 이름으로 구원(?)을 얻는 나는 매년 3월, 첫 수업을 내 이름 삼행시로 시작한다.

정(정말로 이 세상에서)

애(애들을 가장 사랑하는)

순(순수하고 멋진 선생님이야!)

> 서로의 이름을 불러주면서 나와 아이들의 관계가 시작되었습니다.

두 번째 이야기.
그 아이는 왜 잡담을 멈출 수 없었을까?

"네 이야기를 들어줄게"

한시도 입을 다물지 못하고, 끊임없이 얘기를 하는 아이가 있었
다. 옆에 짝에게, 앞에 친구를 툭툭 치면서, 뒤를 돌아보며… 친구
들은 함께 떠들면서 몇 마디 대꾸도 해주지만, 금세 선생님의 꾸
중을 들으니 결국 짜증을 내기 마련이다. "야, 좀 조용히 해줄래?"
그러면 "알았어."하고 잠시 조용하다가도 또 금방 뭐라고 종알종
알 떠들기 시작한다. 급기야 교사인 나에게 주변 학생들이 큰 소
리로 호소하기에 이르렀다.

"선생님, 연수 때문에 시끄러워서 공부를 못하겠어요."

"선생님 말이 안 들려요. 조용히 하래도 계속 얘기해요."

그래서 난 학생들에게 이렇게 제안을 했다.

"그래? 그럼 우리 다 같이 연수 얘기를 좀 들어볼까?"

"연수야, 무슨 이야기인지 하고, 싶은 이야기 들어줄게."

내 말에 학생들은 어리둥절해 하고, 연수는 당황해 했다.

"뭐, 별 얘기 아니에요. 강아지가 생길 수도 있다고…"

그날 이후로 우리는 아침 시간에 잠깐씩 연수의 이야기를 들어주는 시간을 갖기로 했다. 연수는 비록 몇 마디씩이지만 소소한 자기 이야기를 우리에게 들려주며 무척 만족하고 행복해 했다. 친구들도 연수의 이야기에 간단한 질문도 하고 공감도 해주었다. 다른 학생들도 비슷한 자기 경험을 이야기에 덧붙이자 날이 갈수록 즐거운 시간으로 변해갔다. 수업에 집중하지 않고 떠들면서 수업을 방해하는 행동도 눈에 띄게 줄어들었다.

어느 날부터인가 연수 이야기를 듣는 아침 시간이 각자 자기 이야기를 하고 싶은 학생들의 소위 '아침 마당'이 되었다. 짧은 아침 마당 시간에 다른 학생들도 자신의 이야기를 친구들에게 즐겁게 들려주었다. 학생들 대부분이 자기 이야기를 하고 싶어 하고, 누군가 들어주길 간절히 바란다는 사실을 확인할 수 있었다. 서로의 일상을 이해하고 자유롭게 이야기를 할 수 있다는 것만으로도 학생들은 심리적으로 편안함을 느끼는 것 같았다.

그냥 힘들고, 아프고, 속상한 내 이야기를 들어주는 누군가가 있다는 것이 큰 위안이 된다는 사실을 아침마당 시간을 통해서 모두 공감한 것이다. TV 프로그램들을 보더라도 이야기를 하는 사람은 주인공이 되고 들어주는 방청객들이 "아~~~!" 하는 소리로 리액션을 해주는 것처럼 경청해주는 어떤 사람이 있다는 것은 살아갈 힘과 용기를 준다.

교사의 가장 중요한 역할 중 하나는 학생들 곁에 '존재'하는 것이라고 말한다. 동료 교사들과 내가 관심을 갖고 실천해본 프레네 교육에서 이와 비슷한 아침 열기 공감 교육이 있다. 가장 많은 시간을 함께하는 사람들과 자신의 일상을 공유하고 공명(共鳴)할 때 치유가 일상화되어 정서적 안정감과 행복감이 온다고 한다. 어린 학생들은 상처받기 쉽고 불안해하며 늘 사랑과 관심을 필요로 하지만, 각박한 현대사회에서 사랑에 목마른 채 외로워하곤 한다. 누군가에게 자신의 이야기를 들려주고 싶어 하지만, 바쁜 일상 속에서 귀기울여주는 이도 없다.

> "네 이야기를 들어줄게."라는 말은 곧 "넌 사랑받고 있어."라는 말입니다.

세 번째 이야기.
스스로 속내를 털어놓게 만든 말

"기다려줄게"

교실에서 많은 학생들을 접하다 보면, 말이 많은 학생보다는 말수가 적은 학생에게 감춰진 상처와 문제가 많다는 걸 알게 된다. 대체로 외향적이고 활발한 아이는 그만큼 적극적으로 자신을 드러내고 표현하기 때문에 행동의 원인이나 이유를 빠르게 발견해서 그에 따른 행동 변화의 방법도 찾아볼 수 있다. 하지만 내성적이고 소극적인 학생의 경우는 말수도 적고, 자신의 감정을 잘 표현하지 않기 때문에 대하기가 훨씬 더 힘들다. 학교나 교실에서도 문제를 일으키지 않는 조용한 학생은 세심하게 관찰하지 않으면 무심코 지나치기 쉽다. 하지만 말이 없고 조용한 학생일수록 자신의 마음에 놀라운 세계를 가지고 있는 경우가 많다.

내가 가르친 학생 중에 '네', '아니오', '몰라요', 아니면 묵묵부답으로 일관하는 아영이라는 아이가 있었다. 나는 아영이에게 말하기를 재촉하거나 강요하지 않았다. 그저 "기다려줄게. 말하고 싶을 때 언제든 얘기해."라고 했을 뿐이다. 사실 아영이는 말을 잘하지 못한다는 걱정과 두려움이 많아 보였지만, 그럴수록 주변에서는 '왜 말을 안 하느냐', '답답하다' 등의 말로 아이를 더욱 위축시키고 있었다.

어떤 상황이나 대상에 대해서 서로 반대되는 두 감정이 동시에 존재한다. 이러한 양가적 감정은 이성적으로 보면 매우 혼란스러운 상황이지만, 한편으로는 누구나 느끼는 보편적이며 자연스러운 감정이기도 하다. 말을 하고 싶은 감정과 말을 하고 싶지 않은 감정 사이에서 갈등을 느끼고 있는 상태에서 강요와 재촉은 부정적인 방향으로 결정을 하게 만들기 쉽다.

이런 아영이의 말문을 열어준 건 의외로 작은 화분이었다. 나는 학생들에게 작은 화분에 모종을 하나씩 심어 가꾸도록 했다. 아영이에게 화분에 물주기를 부탁하면서 물을 준 날은 나에게 꼭 말해 달라고 했다. 말을 안 하면 내가 물을 또 줄 수도 있고, 그러면 하루에 물을 두 번이나 주게 되어 식물의 성장에 해로울 수도 있다고 일러주었다. 그날 이후 아영이는 매일 물을 주고 나서 화분 식물에 대해서 조금씩 말하기 시작했다. 친구들과도 화분 식물의 잎이 난다고 이야기하면서 소소한 대화도 나누기 시작했다.

우리 모두를 깜짝 놀라게 한 건 식물의 성장 과정을 관찰 일기로 쓰고 발표하는 수업시간이었다. 식물과 대화하는 형식으로 쓴 글쓰기에서 아영이는 말을 잘할 수 자신의 처지를 식물에 이입하여 이를 글로 표현했다. 그날 자신이 그동안 하고 싶던 말을 담아낸 글을 읽으면서, 아영이의 얼굴은 참으로 행복해 보였다. 화분의 식물이 성장하는 만큼 아영이의 말수도 조금씩 늘어갔다.

그 후에도 아영이는 때때로 말하기를 주저하는 모습을 보였지만, 예전과는 확연히 달라진 점이 있었다.

"선생님, 저 다음에 얘기해도 되지요?"

자신의 의사를 분명하게 표현한다는 점에서 나는 큰 변화라고 생각했다. 인간에게는 누구나 자기를 표현하고 싶은 욕구가 있다고 한다. 특히 말이나 글은 인간과 다른 동물을 구분할 수 있는 표현 수단이다. 그래서 말이나 글로 자기 자신을 표현하려는 욕구는 인간으로서의 정체성과 자존감을 유지시켜준다고 한다. 말로 자기표현이 어려운 경우가 있다면 아영이처럼 먼저 글로 써서 읽는 것부터 시작하는 것도 하나의 방법이다.

> 때론 재촉의 말보다 조금 기다려주는 것이 변화를 이끌어내는 지름길입니다.

네 번째 이야기.
친구 사귀기가 어려웠던 아이의 변화

"등장인물이 누구니?"

학창시절 또래의 교우관계는 참으로 중요하고 생활에 큰 비중을 차지한다. "친구 따라 강남 간다."라는 말도 있지 않은가? 친구는 아이의 인생에서 커다란 영향력을 미칠 수 있는 만큼 원만한 교우관계는 중요하다. 또한 교우관계가 좋은 학생은 학교생활이 즐겁기 마련이다. 학창시절에 교우관계를 통해 인간관계의 기본을 배우고, 교우관계가 원만한 학생은 대체로 또래관계에서 형성된 자존감 때문인지 매사에 긍정적인 태도를 보인다.

교우관계가 좋지 않아 힘들어 하는 학생은 크게 두 가지 유형으로 나뉜다. 자기주장이 강하고 공격적이거나 반대로 소극적이며 내성적이다. 한마디로 너무 튀거나 아예 존재감을 드러내지 않는 것이다. 교우관계가 원만하지 못한 학생들이 학교생활이나 학습 활동에서 가장 어려워하는 것이 친구들과 협력해야 할 때이다. 학교 활동에서는 필수적으로 소그룹으로 나뉘어서 활동해야 하는 상황이 많다. 그럴 때마다 본인도 친구들도 힘들기는 마찬가지다.

친구들의 말을 귀담아 듣지 않고 고집을 부리거나 자기 의사표현을 하지 않고 이유를 물어봐도 대꾸하지 않는 친구가 있으면 다 같이 힘들기 때문이다. 그래서 서로에게 부정적인 감정을 표출하게 되고, 그럴수록 소통이나 관계 맺기를 기피하고 자의반 타의반으로 교우관계 맺기를 포기하게 된다.

인간의 중요한 존재 의미 중 하나인 사회적 관계를 형성하지 못한 학생은 정서가 불안하며 우울한 태도를 보이게 되고, 학업에도 흥미를 잃게 된다. "친구 사귀는 것, 친구와 노는 게 뭐 그리 힘드냐? 그냥 어울려 놀다 보면 친구하는 거지?"라고 하지만, 친구들과 잘 어울리는 일은 요즘 학생들에게는 만만치 않은 숙제 중 하나이다. 특히 스마트폰과 인터넷 등으로 개인화된 생활과 1인 자녀 등 달라진 가족관계의 양상 탓에 직접 대면하며 상대에게 내 생각과 마음을 표현하고 또 상대의 마음을 헤아리면서 서로 돕는 관계를 맺는다는 게 익숙하지 않다.

지금도 또렷이 기억나는 아이가 있다. 태훈이는 부모님이 어렵게 얻은 아이였다. 형제 없이 외동으로 뭐든 자기 마음대로 할 수 있는 가정환경에서 성장했다. 장난감이든 책이든 모든 물건은 자신의 소유요, 제멋대로 할 수 있는 환경이었던 것이다. 말만 하면 할아버지, 할머니 또는 부모가 다 들어주었다고 한다. 하지만 만사형통의 시절은 유치원을 가면서부터 제동이 걸리기 시작했다. 지금까지 다른 친구와 함께 놀면서 자기 것을 양보한다거나 남을 배려하는 경험을 거의 해보지 못한 태훈이는 친구들과 작은 것 하나도 나눌 줄을 몰랐다. 오직 자기밖에 모르는 이기적인 아이가 된 것이다. 무엇이든 자기 마음대로만 하려는 고집 센 아이이다 보니 친구들도 힘들어 하며 함께 놀려고 하지 않았다. 태훈이의 이런 교우관계의 어려움은 초등학교 입학 후에도 계속되었다. 그래서인지 태훈이는 쉬는 시간이나 점심시간이면 혼자 책만 읽고 있었다. 그러다가 심심해지면 괜히 잘 놀고 있는 친구들에게 다가가 방해하기도 하고, 끼어들어 일방적으로 자기 말만 했다.

태훈이와는 조금 다른 유형이지만, 역시나 교우관계에 어려움을 겪었던 수현이라는 아이가 있다. 수현이는 3학년까지 눈에 띄지 않는 아이였다. 늘 조용하게 책을 보며 아무런 문제를 일으키지 않았기 때문에 그저 책읽기를 좋아하는 학생이라고만 생각했다. 얌전히 책을 읽고 있으니 선생님에게 때로 칭찬을 받고, 친구들은 책을 읽고 있으니 방해하면 안 된다고 생각했는지 아예 접근하지 않았다. 하지만 한 달쯤 유심히 관찰해보니 두 학생 모두 책을 읽는 것이 아니라 책을 들고 읽는 척하고 있다는 사실을 발견했다. 책이 방패막이나 도피처였던 셈이다.

태훈이와 수현이를 교우관계로 이끈 말은 다름 아닌 "등장인물이 누구니?"였다.

"누가 주인공이냐고요?"
"아니, 등장인물이 누구냐고."

가정이나 일상에서 자기 위주로 생활해온 아이일수록 오직 자신이 주인공인지만 끊임없이 따지곤 한다. 또 아예 반대로 자신이 중심 인물이 되는 것을 부담스러워하며 회피하기도 한다.

'책 읽어주는 친구'는 자기가 좋아하는 책을 한 권 골라 친구들에게 읽어주는 독서 활동인데, 이 활동을 통해 태훈이와 수현이는 친구들과 조금씩 간단한 질문도 주고받고 대화도 나누게 되었다. 또한 모든 등장인물에 대해 이야기를 나누는 과정에서 나와 남의 성격과 여러 가지 상황들을 이해해갔다. 책 속의 사건, 등장인물 등을 통해 이기적이거나 타인을 무시하는 경향, 너무 소극적이거나 부정적인 생각 등을 되돌아볼 수 있게 된 것이다.

태훈이와 수현이는 '책 읽어주는 친구'를 통해서 진술한 대화를 하고 조금씩 타인의 감정과 생각을 공감하게 되었다. "주인공이 누구냐?"도 중요하지만 주인공만큼 중요한 수많은 등장인물이 있다는 것과 늘 주인공으로 살아갈 순 없지만 그래도 내 삶의 주인공은 나라는 사실을 깨닫는 것이야말로 관계를 맺고 성장해가는 데 뜻깊은 과정이 아닐까?

> 세상은 혼자가 아니라 여러 등장인물이 함께 어우러져 살아갑니다.
> 그리고 이들은 모두 각자 자기 인생의 주인공입니다.

다섯 번째 이야기.
직접 체험하고 깨닫게 된 진리의 말

"세상의 모든 것은 귀해요!"

남준이는 1교시가 끝나갈 무렵 교실 문을 열고 어슬렁거리며 들어오는 학생이었다. 등교 시간에 맞춰 학교에 오도록 "알람을 맞춰놓고 일어나 보세요."라고 말해주었지만, 여기에 대한 남준이의 답은 늘 똑같았다. "귀찮아요." 사실 이 말은 남준이가 입버릇처럼 하는 말이었다.

친구들과 모둠 활동을 할 때도 소위 '멍' 때리며 마냥 앉아 있거나, 책상에 엎드려 있기 일쑤였다. 친구들이 맡은 역할을 재촉하면 "건드리지 마! 귀찮아." 만사가 죄다 귀찮다고 하는 남준이가 그나마 학교에 꼬박꼬박 나오는 게 고맙고 다행이라고 생각하며 위안하는 웃픈(?) 상황이었다.

그런데 그해 학교에서 아이들과 함께 텃밭을 만들 기회가 있었다. 운동장 뒤편에 작은 우리 반 텃밭이 생긴 것이다. 반 아이들과 텃밭 이름도 붙이고, 소박하지만 팻말도 만들었다. 3월 말쯤 텃밭을 갈아엎고 밑거름을 하자 그 냄새가 대단했다. 아이들은 코를 쥐고 난리였다. 어수선한 아이들에게 "1년 동안 함께 농사지을 우리 반 텃밭이에요."라고 말해주며, 팻말에 이름을 써 붙이고 함께 씨감자를 심기 시작했다. "감자는 뿌리 식물이고, 씨감자는 10센티 정도 깊이로 심어야 합니다. 칼로 자른 부분은 병충해 예방을 위해 재를 묻힙니다…" 한참 열심히 설명하는데 "아~귀찮게 이런 걸 왜 해요? 그냥 마트에서 사면 되지?" 아니나 다를까 남준이었다. 그날도 남준이는 대충 시늉만 하더니, 어느새 텃밭 옆 정자에 엎드려버렸다.

씨감자를 다 심고 나서 텃밭 물 당번을 정했는데, 남준이는 친구 손에 이끌려 억지로 어쩌다 한 번 물을 줄 때도 있었지만, 거의 대부분 물 당번을 하지 않는다며 친구들의 원성과 항의가 자자했다. 4월이 되어 본격적으로 씨도 뿌리고 상추, 부추, 고추, 토마토 등 각종 모종을 심었다. 봄비가 오고 싹이 올라와 부지런히 솎아 주어야 했다. 솎는 방법을 설명할 때도 남준이는 기껏 심고 왜 뽑아내느냐며 투덜대다가 또다시 정자로 갔다.

나는 아이들에게 뽑아낸 새싹은 버리는 게 아니라 참기름과 간장양념에 무쳐 먹거나 된장국을 끓여 먹는다고 알려주었다. 그리고 미리 조금 준비해둔 밥으로 새싹비빔밥을 만들었다. 점심을 먹어야 하므로 한 숟갈씩만 맛을 볼 정도의 적은 양이었다. 맛을 본 학생들의 반응은 가히 폭발적이었다. 아이들의 반응에 놀란 듯 남준이도 관심을 보이며 다가왔다. 이때 "남준아, 너도 맛봐, 진짜 맛있어!"라는 친구들의 권유에 못이기는 척 한 숟갈 받아먹었다.

맛을 묻는 질문에 "음, 괜찬…"하며 얼버무리는 남준이에게 "괜찮은 게 아니라 맛있지!"라며 옆에 있던 친구가 핀잔을 주자 마음을 들킨 듯 씩 웃었다.

돌이켜 생각해보니 새싹비빔밥을 먹던 그날 남준이의 말이 "귀찮다."에서 "괜찮다."로 바뀌었다. 매일 귀찮다는 말만 하며 무기력하던 남준이의 다른 말과 표정을 처음 본 날이었다. 남준이의 말과 행동이 변했다는 사실을 확실히 알 수 있었던 건 고구마를 심을 때였다. 고구마를 심기 위해 고구마 줄기 모종을 구해다가 시들지 않게 교실 주전자에 담가 두었는데, 이것을 보고 아이들끼리 논쟁이 벌어졌다. "고구마는 줄기가 변한 거잖아. 감자는 뿌리 식물이고." 그런데 이날은 남준이도 아이들의 논쟁에 적극적으로 끼어들어 이야기를 하고 있었다. 남준이가 제시간에 등교하기 시작한 것도 그 무렵부터인 것 같다.

텃밭의 채소들이 성장할수록 남준이도 조금씩 달라져갔다. 그러던 어느 날 아침에 출근해서 텃밭을 둘러보러 가니 텃밭 옆 정자에 남준이가 와 있었다. "남준이 일찍 왔네?"라는 질문에 물을 주려고 왔다고 답했다. 물주기 귀찮지 않냐고 묻자 놀랍게도 남준이는 재미있다고 말했다. 남준이는 자신이 직접 심고 물주고 가꾸면서 식물을 대하는 태도가 처음과 많이 달라져 있었다. 머리로 아는 것과 매일 생활 속에서 직접 경험하는 동안 말이 바뀌고, 이것이 행동까지 변화시킨 것이다.

감자를 수확하는 날에는 아이들에게 감자분과 감자를 삶을 때 더 맛있게 찌는 방법을 설명해주며, 다시마와 함께 감자를 찜통에 담기 시작했다. 직접 수확한 감자의 크기와 모양의 다양성에 놀라는 아이들이 많았다. "와, 이렇게 쬐그만 감자도 있어." "감자가 눈사람같이 생겼다." "대왕 감자 납시오." 마트에서 파는 비슷한 모양과 크기로 선별된 감자들만 봐온 아이들이 지식과 실제의 격차를 느끼는 순간이었다. 그 아이들의 목소리 중에서 남준이의 목소리가 가장 크게 들렸다.

감자를 이용해서 할 수 있는 요리를 발표하는 시간에 닭볶음탕을 발표한 남준이 모둠에서 남준이는 기대 이상으로 활약했다. "닭고기보다 감자의 맛을 알아야 진정한 미식가."라고 말하며 아이들의 환호성을 받기도 했다.

여름방학이 끝나고 아이들과 고구마 밭부터 정리했다. 길게 뻗은 고구마 줄기를 자르며, 고구마 줄기들을 들어서 뒤집어야 고구마가 크게 잘 자란다고 설명해주었다. 그래도 몇몇 아이들이 "왜 꼭 이렇게 해야 하지?" 하며 이해하지 못하자, 놀랍게 남준이가 나섰다. 줄기에서 또 뿌리가 나오는데, 계속 뿌리가 나오면 작은 고구마든 큰 고구마든 수확이 안 된다는 줄기식물의 특성을 아이들에게 알아듣기 쉽게 직접 설명해준 것이다.

9월 초에 밭을 다시 정리하고 김장 배추, 무, 갓, 파 등을 심었다. 배추밭에 물주는 일이 가을날 아침을 시작하는 가장 중요한 일과가 되었다. 배추가 성장할수록 남준이의 식물에 대한 지식은 더욱 깊어졌다. 이제 아이들도 모르는 게 있으면 남준이한테 물어볼 정도였다. 배추벌레가 생기자 아이들이 "그냥 죽이면 안 되나?"라고 하자 남준이가 아이들에게 나비가 되지 않았기 때문에 죽일 수 없다고 했다. 죽이는 대신 목초액을 뿌려서 쫓자고 제안하며, 텃밭 한쪽에 배추벌레를 모아서 나비가 되게 해보고 싶다는 의견을 낸 것도 남준이였다.

텃밭에서 농사를 지으며 보낸 그해 일 년, 우리는 정말 많은 것을 배웠다. 무엇보다 "귀찮아."를 입에 달고 살던 무기력한 남준이의 변화가 놀라웠다. 지식 위주로 결과와 효율성만 따진다면 관념과 욕망의 노예가 되고, 그 외의 것은 다 귀찮아진다. 인간마저도 귀한 존재가 아닌 고만고만한 귀찮은 존재일 뿐인 것이다. 농사일을 직접 경험하는 소박한 생활이 얼마나 행복한지, 협력 속에서 자기 노력을 확인하는 기쁨이 얼마나 큰지, 함께 수확하고 나누는 진정한 공동체의 환희를 우리 반 텃밭을 통해 맛볼 수 있었다.

요즘에는 '자기 효능감(self-efficacy)'을 중요하게 여긴다. 연구 결과에 따르면 자기효능감이 높은 학생일수록 목표 달성을 위한 학습 전략을 세워 스스로 꾸준히 노력하는 경향이 강하다고 한다. 자기 효능감이 높은 학생일수록 실패와 무관하게 어려운 도전 과제에 용기를 낸다고 한다.

그렇다면 자기 효능감은 어떻게 형성되는가? 바로 일상에서의 구체적이고 소소한 성공 경험들이 모여서 형성된다고 한다. 이와 함께 건강한 신체 활동과 긍정 언어가 자기 효능감을 형성하는 데 영향을 미친다고 한다. 그 과정에는 공동체의 협력 활동은 필수이다. 서로를 경쟁해서 따돌려야 하는 '귀찮은 존재'가 아닌 각자 다양한 재능과 잠재력을 가진 '귀한 존재'로 인정하게 되는 것이다.

남준이에게 왜 배추벌레를 모으자고 했는지 물었다. 그러자 이렇게 말했다. "기영이가 배추벌레 없었으면 좋겠다고 해서요. 벌레 쫓기 귀찮다고. 배추벌레가 필요하다고 아무리 설명해도…"

배추벌레가 배추흰나비가 되어 모기장을 걷어내던 날 남준이와 아이들은 정자에서 배추를 배추벌레와 나누어 먹어야 한다는 공생과 나눔에 대한 치열한 토론을 벌였다. 남준이는 나비가 없을 때 생태계에 미치는 영향을 얘기하며 배추벌레의 입장을 대변해서 이렇게 말했다. "자기 입장에서 귀찮고 쓸모없다고 생각할 수 있지만 세상의 모든 것은 귀해요." 생각해보니 교사인 나를 바꾼 말은 그해 남준이가 한 "귀찮아요."와 "귀해요."였다. 사실 나도 텃밭을 하면서 때론 잠깐씩 "귀찮다."는 생각도 없지 않았다. 하지만 자본과 물질 만능의 경쟁사회에서 자신의 존재 의미를 잃지 않고 꿋꿋하고 행복하게 살아갈 수 있는 힘은 소소하고 귀찮은 일을 가장 '귀한 일'로 도전할 때 생기는 것이다.

> 진정한 배움은 어쩌면 세상 모두가 귀한 존재임을 인정하고 함께 잘사는 법을 고민하는 과정일지도 모릅니다.

여섯 번째 이야기.
바라는 대로 이루어지리다

"행복해져라~ 행복해져라~"

학생들이 학교생활을 하면서 매일매일 꼭 함께하는 활동이 있다. 간식으로 우유 마시기와 점심 급식이다. 누군가는 우유와 급식을 먹으러 학교에 온다는 말을 할 정도로 우유 마시기와 급식메뉴는 매일 학생들의 중요한 관심사이자 대화 주제이기도 하다.

이 두 가지 활동 중 우유 마시기를 이용해서 아이들이 만든 놀이가 있다. 바로 '우유 나이 세기'인데, 학생들이 만들어낸 창의적 놀이이다. 우유로 자신의 하루 운세를 점치는 신종 게임이기도 하다. 학생들은 '우유 나이 세기' 게임으로 그날 하루 자신의 운을 예감했다. 즉 우유 뒷면에 바코드처럼 새겨진 숫자가 그날 자신의 나이가 되는 것인데, 높은 숫자의 우유가 당첨되면 좋은 일이 생길 것 같다며 좋아했다. 반면에 3살, 4살처럼 낮은 숫자가 당첨되면 울상을 짓기도 했다. 사소한 게임인데도 낙관적인 학생과 비관적인 학생의 차이가 극명하게 드러났다. 똑같은 숫자가 걸려도 반응은 전혀 달랐던 것이다.

"힝, 나는 늘 이래. 난 맨날 3살만 걸려."

"오늘은 3살이네. 하지만 내일은 큰 숫자 우유가 될 수도 있어."

아무튼 숫자에 따라서 좋은 일 또는 나쁜 일이 생길 것 같다며 일희일비하는 것은 일종의 징크스(Jinx)다. 징크스란 재수 없고 불길한 현상에 대한 인과관계적 믿음을 말하는 것인데, 학생들을 관찰하다 보면 일과 중 전혀 연관성이 없어 보이는 일까지 낮은 숫자의 우유를 뽑은 탓이라고 생각하는 아이도 있다.

"오늘 급식 시간에 윤수랑 부딪혀서 국물을 쏟았어. 우유 숫자 3을 뽑을 때 알아봤다니까!"

똑같은 사물이나 현상이라도 이를 어떻게 생각하느냐에 따라서 해석도 달라지고 이후의 행동까지 달라지며 전혀 다른 결과를 가져온다고 한다. 이때 무엇보다 중요한 것이 바로 나타난 현상을 마지막에 어떻게 언어로 단정하는가이다. 즉 긍정적으로도 부정적으로도 얼마든지 생각할 순 있지만, 마지막에 언어로 표현한 것이 행동과 결과까지 긍정 또는 부정, 낙관 또는 비관으로 이어지게 한다. 바꿔 말하면 알게 모르게 언어로 표현하고 단정한 것이 결과를 부르는 주문이 된 셈이다.

"생각만 하면 생각대로 비비디바비디 부~"

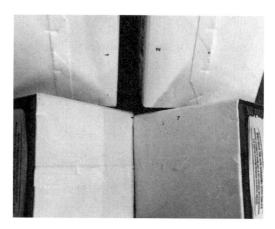

우유나이 세기 게임

한 통신사 광고로 유행했던 일명 '되고송'의 일부이다. "비비디바
비디 부~"는 〈신데렐라〉 애니메이션에서 호박을 마차로 변하게
하고 누더기 옷을 드레스로 바꾸는 마법 주문으로 등장한다. 이
말의 어원에 대해서는 고대 동굴 벽화에서 소원이 이루어진다는
뜻의 말이라는 설이 있는데 확실하지는 않다. 어쨌든 긍정의 메시
지, 희망의 메시지라고 할 수 있겠다.

> 생각을 조심해라 말이 된다.
> 말을 조심해라 행동이 된다.
> 행동을 조심해라 습관이 된다.
> 습관을 조심해라 운명이 된다.
> 우리는 생각하는 대로 된다.
>
> -마가렛 대처

내가 살고 있는 아파트의 승강기에 붙어 있는 문구다. "비비디바비디 부~"가 비현실적인 마법 주문이라면, 이 문구는 생각대로 되어가는 과정을 설명해준다. 말과 행동, 습관 그리고 운명까지 연결시켜 현실화되는 과정을 말해주는 것이다.

무엇보다 우리가 주목할 것은 행복의 가장 중요한 지점은 바로 "스스로를 어떻게 생각하는가?"에 있다는 점이다. 2012년 장애인 올림픽에 등장한 예술가 마크 퀸의 앨리슨 래퍼 동상은 그 답을 알려준다. 바다표범처럼 손발이 짧은 일명 '해표지증'으로 태어난 앨리슨 래퍼는 태어나자마자 부모로부터 버림받았다. 하지만 스스로를 부끄러워하지 않고 세상의 편견에 맞서 장애를 딛고 화가의 꿈을 이루었고, 엄마가 되는 꿈까지 이루어낸다.

"내가 나를 어떻게 생각해야 하는가?"에 대한 답은 행복도 불행도 자신의 생각에서 기인한다. 세상 사람들 모두에게 불행하다고 여겨지던 자신을 사랑한 앨리슨 래퍼는 결코 불행하지 않았다. 실은 자신의 불행까지도 사랑한 것이다. 우리에게 잘 알려진 카네기도 비슷한 말을 했다. "나는 신발이 없음을 한탄했는데, 거리에서 발 없는 사람을 만났다."

스스로 느끼는 긍정과 감사, 행복이 곧 행복한 사람이 되는 마법의 주문이다. 결국 행복해지고 싶다면 스스로 주문을 거는 수밖에 없다는 뜻이다. 행복하고 싶다면 자신에게 긍정의 말, 내가 행복한 이유를 찾아내고 스스로 주문을 외워야 한다. 살아 있는 사람은 불행한 이유보다 훨씬 많은 행복한 이유가 있기 때문에 살아 있는 것이라고 한다. 그렇다. 매사를 긍정적으로 보는 사고와 언어습관이 곧 생각한 바를 이루는 마법 주문인 것이다.

긍정적인 쪽으로 생각하고 말할 때 행복해지는 방향으로 움직이며, 이루어지기도 쉽다. 하지만 기억해야 할 것이 한 가지 있다. 마법 주문에서는 "생각만 하면 생각대로."라고 했지만, 현실에서는 생각만 하면 공상이나 망상으로 끝날 수 있다. 즉 도전해야만 한다. 그런데 여기서도 변수가 있다. 그 변수는 바로 실패와 좌절이다. 항상 뜻대로 되지는 않는 게 세상 이치이므로 실패나 좌절은 필수이다. 관건은 실패와 좌절을 딛고 다시 시작할 수 있는 용기가 있느냐 하는 것이다. 이러한 마음을 **내적 회복력**이라고 한다. 내적 회복력의 본질은 실패나 좌절에서 다시 새로운 해결 방법을 찾고, 내적 회복을 추구하는 정신적인 능력이다. 실패나 좌절에 굴하지 않고 실패의 원인과 해결책을 찾으려고 애쓰면서 다시 재도전할 수 있는 것을 말한다.

그렇다면 내적 회복력은 어디에서 올까? 다름 아닌 실패나 좌절의 과정을 잘 견디는 과정에서 쌓인다. 그러니 실패나 좌절 없이는 내적 회복력도 생길 수 없다. 한 번의 실패나 좌절 없이 목표에 도달하는 것은 불가능하다. 실패나 좌절도 생각하기에는 따라서 목표에 이르는 과정이므로 성공과 성장의 과정인 셈이다. 아니 해석하기에 따라 실패나 좌절을 성취나 성공의 일부로 전환할 수 있다. 좌절이나 실패도 생각하기 나름이다. 로빈 윌리엄스가 존 키딩 선생님으로 나오는 유명한 영화가 있다. 바로 〈죽은 시인의 사회〉

다. 여기서 가장 인상적인 장면과 대사는 존 키딩 선생님이 갑자기 책상 위로 올라서는 장면과 대사이다.

> "내가 왜 이 위에 섰는지 이유를 아는 사람? 사물을 다른 각도에서 보려는 거야. 믿기지 않으면 너희들도 한 번 해봐!"

긍정적으로 생각하는 습관을 기르는 방법은 뭘까? 좋은 일이 생겼을 때, 그것이 순리대로 일어난 일이라고 생각하는 것이다. 또 안 좋은 일은 생겼을 때는 그럴 수도 있지만 늘 일어나는 일은 아니라고 생각하는 것이다. 평생 이러한 '긍정적 사고'를 습관화하면 즐거운 목표 도달과 성취가 따라온다. 내적 회복력에 도움을 주는 말을 몇 가지 정리하면 다음과 같다.

1. 그 누구도 완벽하지 않아   6. 네 잘못이 아니야
2. 누구나 다 실수를 해   7. 괜찮아 힘내
3. 아니라고 말할 수 있어   8. 이제부터 잘 할 수 있어
4. 거절해도 괜찮아   9. 생각한 대로 좋은 일이 있을 거야
5. 그럴 수도 있지   10. 다 잘 될 거야

> 긍정적인 생각이 긍정적인 결과를 낳습니다. 그리고 긍정적인 생각은 긍정적인 말로 강화될 수 있습니다.

일곱 번째 이야기.
말이 필요 없는 집중과 몰입의 언어

"……!"

여러분도 이런 말을 자주 들어보았을 것이다. "과거는 흘러갔고 미래는 오지 않았다. 현재에 집중하라!" 그런데 사람들과 이야기를 나누다 보면 현재보다는 과거나 미래에 관한 얘기가 더 많다. 옛일을 떠올리면서 미래에 대한 걱정을 많이 한다.

모름지기 공부는 현재에 집중하는 것이 중요한데, 정신이 온통 과거와 미래에 쏠려 있으니 제대로 될 리 없다. 배움의 관건은 결국 바로 지금 얼마나 재미를 느끼고 집중하는가에 달려 있기 때문이다.

"왜 이렇게 일찍 왔어?"

아침 일찍 교실 문을 열고 바쁘게 들어서는 학생의 너무 이른 등교에 깜짝 놀라서 물어보았다.

"목도리 뜨기가 너무 하고 싶어서 학교에 빨리 오고 싶었어요."

오직 목도리 뜨기 때문에 추운 날 이렇게 일찍 등교를 했다는 게 놀라울 뿐이었다. 겨울에 우리 반 아이들 사이에는 목도리 뜨기 열풍이 불었다. 어묵 용기와 플라스틱 아이스크림 수저를 이용해 뜨개질 원형 용구를 만들었는데, 이 용구를 활용하면 누구나 어렵지 않게 목도리를 완성할 수 있다. 일반적인 뜨개질 방법인 대바늘이나 코바늘뜨기는 사실 고학년들도 완성하기가 쉽지 않다. 하지만 새롭게 고안한 뜨개질 원형 용구를 활용하면 저학년 학생들도 어렵지 않게 뜨개질을 할 수 있다. 학생들은 너무 재미있고 즐겁다며 뜨개질에 빠졌다. 심지어 자유놀이 시간에도 놀이 대신에 목도리 뜨기를 할 정도였다. 일명 뜨개질 삼매경, 뜨개질 무아지경(無我之境)에 빠졌다. 한 개를 다 완성해 와서 마무리를 하고 방울을 달아 목에 걸어주자 환호성을 지르며 기뻐하더니 곧바로 새

학생들이 모방하여 직접 제작한 뜨개 용구

로운 목도리를 다시 시작하고 싶다고 했다. 이번에는 부모나 형, 동생 목도리를 뜨겠다고 하면서 말이다.

　나는 어쩐지 학생들이 너무 뜨개질에만 몰입하는 것 같아서 재활용 목도리 뜨기 용구를 회수했다. 그랬더니 집에서 목도리 용구를 스스로 제작해서 뜨개질을 하는 것이 아닌가? 목도리 뜨기 용구는 한번 쓴 주변의 물건들을 이용해서 만든 리싸이클링 용구인데, 아이들이 모방해서 만든 용구는 조금 엉성하기는 했지만 나름 색연필, 싸인펜 등 소재를 다양화하는 창의성이 빛났다. 이렇듯 아이들이 한번 몰입하면 가장 기다리던 놀이나 점심시간마저 잊어버릴 만큼 빠져든다. 몰입 대상이 주는 즐거움과 만족감에 행복해 하며 스스로 새로운 것을 찾아 창조하고 진화를 거듭한다.

　《몰입의 즐거움》의 저자인 미하이 칙센트미하이는 '몰입(Flow)'

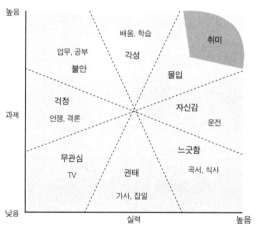

※자료: 마시미니와 카를리(1988) 참고, 칙센트미하이(1990)

과제와 실력의 함수 관계

을 "그 자체가 좋아서 그 활동에 전적으로 빠지는 것"이라고 했다. 몰입하면 시간도 눈 깜짝할 새에 흘러가고 갈등이나 고민 없이 정신력이 하나로 모아져서 가장 생산적인 상태가 된다고 한다. 칙센트미하이는 몰입의 조건으로 첫째, 목표와 규칙이 명확해야 하고 둘째, 빠른 피드백이 있어야 하며 셋째, 너무 쉽지도 너무 어렵지도 않아야 한다고 했다. 다시 말해 과제 선정의 난이도가 적절해야 한다고 말했다. 뭔가에 푹 빠지는 상태로 본다면 몰입과 비슷한 것으로 중독이 있다. 몰입과 중독의 차이는 내적인 것에 있다. 몰입의 경험은 내적인 만족감과 행복, 내적 동기가 되어 다른 일로 전이되며 성취와 성공에 도움이 되는 반면에, 중독은 내적 허탈감이나 무기력 등을 가져온다고 한다.

그래서 몰입의 요소를 갖춘 학습 과제의 선정이 중요한 것이다. 교사의 언어적 가르침과 함께 과제를 스스로 해결하는 과정에서 '몰입'의 행복한 경험을 쌓아갈 수 있어야 한다. 그렇게 될 때 '말이 필요 없는' 현재와 오늘에 집중하는 행복한 학습이 이루어질 수 있는 것이다. 오늘 행복한 '몰입'을 경험하게 되면 이 기억은 또 다른 학습으로 전이된다. 오늘의 배움은 즐거움으로 기억되어 과거가 되고 시간의 흐름 속에서 행복한 미래가 자연스럽게 창조되고 또 진화하는 것이다. 오늘, 현재의 몰입이 즐거운 과거와 행복한 미래를 자연스럽게 만들어내는 셈이다.

다음은 바로 오늘이 과거가 되고 미래가 되는 하루임을 강조하는 인도의 희곡작가 칼리다사의 시다. 아이들에게 들려주면 좋고 마음속에 담아두어도 좋다고 생각해서 소개한다.

여명에의 인사

이날을 보라.

여명이 밝아오는 아침

이날이야말로 솟구치는 생명의 날

오늘의 짧은 항로 안에

그대 존재의 모든 진실과 현실들이 담겨 있나니

성장의 환희

행동의 영광

성공의 화려

어제는 꿈에 지나지 않고

내일 또한 환상에 지나지 않는다.

그러나 충실하게 지낸 오늘은

어제도 행복한 꿈이라 생각하고

내일은 희망에 찬 환상이라.

그대여 이날을 기억하라.

이것이야말로 여명에의 인사이다.

-칼리다사

> 오늘의 행복한 몰입의 경험이 내일의 새로운 배움으로 전이됩니다.

여덟 번째 이야기.
경쟁사회에서 더 빛나는 공생의 말

"우리 함께 견디며 같이 잘 살자!"

우리는 모두 시간 속에서 살고 있지만 시간을 의식하지는 못한다. 일상의 시간은 반복적으로 흐르지만, 때론 흐르지 않는 것처럼 느껴지기도 한다. 어제가 오늘 같고 오늘이 내일 같은 일상은 지루하고 권태롭기까지 하다. 그럼에도 시간은 쉼 없이 흘러간다. 그리고 그 시간이 흘러 세월이 된다.

세월은 어떠한 것이라도 변화시키는 힘이 있다. 그래서 교사들 사이에는 우스갯소리로 '3수 3도'라는 게 있다. 말하자면 "이럴 수 있겠지", "그럴 수 있겠네", "저럴 수 있지"의 3수와 "내비도", "가만도", "그만도"의 3도다. 이 말은 항상 잊지 말아야 할 교직사회의 격언이기도 하다.

학생 때문에 몇날 며칠 고민하는 나를 안쓰러워하며 걱정과 위로를 해준 선배들의 말이 기억난다.

"정 선생, 애들은 학교에 와서 수돗물만 마셔도 큰다네. 다 때가 되면 알겠지. 너무 속 끓이지 말고 기다려 봐."

이 말들로 때론 지치고 고민에 빠진 나 자신을 위로하며 시름을 조금 덜기도 했다. 하지만 그럼에도 어떻게 변화해가고 있는지 그 방향성에 대해서 늘 고민하지 않을 수 없었다. 변화의 방향은 바로 그 사회나 학교의 건강성 여부에 좌우된다. 교사로서 내가 늘 하는 고민은 "무엇을 어떻게 가르쳐야 하는가?"이다. 이 고민은 나만의 것이 아니라 모든 교사들의 한결같은 고민인 것 같다. 그리고 "왜 공부해야 돼요?"라고 묻는 학생들처럼 나는 종종 스스로에게 "나는 왜 가르치는가?"를 묻곤 한다. 이러한 물음들은 아마도 교사를 하는 동안 끝나지 않고 계속될 것이다. 그런 과정 중에서 확실히 얻게 된 답 하나는 교사 역시 시간 속에서 자신의 성장 가능성을 열어놓아야 한다는 지극히 평범한 사실이었다.

시간은 모든 것을 드러내는 진실의 힘, 진정성을 갖고 있다. 짧다고 생각되는 순간순간을 어떻게 살아가야 하는지 삶의 의미와 방향성을 가르쳐야 하는 것이다. 그리고 외부에서 강제된 변화가 아닌 내적 동인에 의해 스스로 변화한 것만이 지속 가능한 바람직한 변화일 것이다. 이러한 변화를 이끌어내는 것이야말로 교육의 목표가 되어야 한다.

학교나 사회가 얼마나 건강한가의 척도는 이론과 현실의 근접성에 있다고 한다. 나는 '아이들이 어떤 모습의 인간이길 바라는가?' 이 물음에서 시작한다. 아이들에게 변화의 방향성이자 학교이고 또 사회로 대변되는 나. 과연 나는 내가 가르치고 싶은 대로 살아가고 있는 인간의 모습인가?

어느 맑고 푸른 날, 우유팩 붙이기에 열심인 아이들을 바라보았다. 즐겁게 협동하며 '우리가 해냈다'며 신이 나 있었다. 우리가 살아가는 모습 또한 저 아이들과 같아야 하지 않을까?

잠시 나의 초등학생 시절이 떠올랐다. 우리 반 수학 시간은 '선착순 10명'이었다. 무조건 빨리 푼 순서대로 10명까지만 기회가 주어졌던 것이다. '시작'이라는 선생님 말이 떨어지기가 무섭게 진짜 눈에 불똥이 튀도록 빨리 풀어서 어떻게 해서든 10번째 안에 들려고 기를 썼고, 1학기 동안 '선착순 10명' 안에 들었다. 그렇게 1학기가 지나고 10월의 어느 날, 옆 친구가 지우개를 빌려 달라고 해서 넘겨주다가 그만 10명 안에 들지 못하고 말았다. 어린 마음에 그때 친구에 대한 원망과 낙오의 쓰라림이란…

그런데 그날 이후에야 나는 비로소 다른 친구들에게 눈을 돌릴 수 있었다. 빨리 풀려고 애쓰는 아이들은 나를 포함해서 항상 10명 남짓 정해져 있음을 알게 되었다. 빨리만 풀려고 애쓰는 친구들의 표정과 행동, 아예 포기한 친구들의 모습을 곰곰이 살펴보다 보니, 앞으로는 빨리 풀어서 선착순에 들어야 한다는 긴장과 초조, 불안함에서 벗어나 다른 친구들과 함께 재미있게 공부하고 싶은 마음이 몰려왔다. 삭막한 경쟁보다 더불어 잘 사는 즐거움을 느끼고 싶었던 것이다.

속도를 자랑하는 빠른 변화의 시대. 자율주행차와 사물인터넷

이 등장했다. 인간, 자연, 생명 등의 단어들을 굳이 함께 쓰면서 포장하려고 애쓰지만, 슈퍼컴퓨터와 AI로봇이 등장하는 4차 산업 혁명의 시대로 들어선 것이다. 그리고 이에 따른 급속한 삶의 변화는 강원도의 산골마을에서 남도의 섬마을까지 그 어디에도 예외는 없다.

급속한 변화 속에서 우리 사회는 어째 이윤 추구라면 무엇이든 가리지 않는 탐욕스러운 모습만 두드러지는 것 같다. 지금의 우리는 우리가 변하고자 해서 변하는 게 아니라 이윤 추구를 최대 목적으로 하는 자본의 논리, 즉 시장의 논리가 변화를 강요하고 있다고 해도 과언이 아니다.

교육도 예외는 아니다. 끝없이 경쟁해서 살아남아야 하고, 선택 받지 못한 것에 대해서는 가차없는 시장 논리가 교육에도 적용되고 있다. 2019년 초 대한민국을 뒤흔든 드라마 〈SKY 캐슬〉이 교사들 사이에서도 화제였다. 최상류층을 배경으로 명문대 입학을 위한 입시 경쟁으로 서서히 파괴되어가는 가족, 친구, 이웃 관계를 흥미진진하게 그려낸 드라마다. 드라마가 시작되기 전 자막으로 제공되는 "사실이 아니고 사실과 다르다"는 말이 오히려 '사실이다'라고 말하는 것처럼 느껴진다고들 했다. 그만큼 현실과 닮아 있고 공감이 된다는 뜻이리라.

'무한 경쟁시대'

'세계화와 국가 경쟁력'

이런 구호들은 경쟁을 미화하는 수준을 넘어 마치 경쟁만이 유일한 대안인 것처럼 우리를 압박한다. 과연 치열한 경쟁은 불가피한 걸까? 아니면 불가피한 것으로 교육되어진 걸까? 세계적인 미국의 사회학자 알피 콘(Alfie Kohn)은 경쟁에 관한 그의 저서 《경쟁에 반대한다》에서 가정과 사회, 학교 등에서 일찍부터 경쟁을 가르쳤기 때문에 경쟁에 익숙해진 것이라고 말한다. 그래서 경쟁을 불가피한 것으로 받아들이게 되는 '경쟁의 사회화' 과정이 경쟁을 당연시하게 만들었다고 역설하고 있다.

특히 학교 교육에 있어서 경쟁은 때때로 최선을 다하게 한다든지, 자신감을 준다든지, 재미가 있다는 등의 그럴듯한 이유로 합리화된다. 하지만 경쟁은 결국 승자와 패자를 가르고, '친구'를 '적'으로 만든다. 가장 가깝게 마음을 털어놓고, 서로 위로하고, 함께 성장해야 하는 '친구'가 반드시 이겨야 할 '적'이라니.

이러한 갈등 상황은 드라마 〈SKY 캐슬〉에서도 적나라하게 드러난다. 드라마에서 중간고사에 나올 문제를 친구와 공유한 아들에게 아버지는 왜 그랬냐며 호통을 친다. 적과 총알을 나누어 쓰는 바보가 세상에 어디 있냐며. 이 말에 아들은 이렇게 되묻는다. "시험 고민을 하는 친구가 불쌍하고, 좋은 건 나누어야 한다고 배웠어요. 나도 친구도 함께 살아야 하지 않나요?"

과열된 경쟁 속에서 다수는 자신감보다는 패배감과 좌절을 느끼게 된다. 심지어 소수의 승자마저 즐거움보다는 늘 추월당할지 모른다는 불안에 시달리는 게 현실이다. 반복되는 무한경쟁의 끝에 남는 건 인간의 황폐화와 인간성 상실이라는 불행뿐이다.

이러한 '경쟁 이데올로기'를 주문처럼 외워대는 현실에서 교사와 학교는 어떻게 가르쳐야 할까? 경쟁에서 오는 내적 상실과 무너진 공동체성을 회복하고, 행복한 배움을 함께 경험해볼 기회를 갖도록 배려해주어야 하지 않을까? 경쟁을 넘어선 협력, 나눔과 공동체의 가치 등 함께 살아가야 할 사람들에 대한 소중함 등을 체험으로 가르쳐야 한다. 학교는 최소한의 인간애를 가르치고 배우는 곳이어야만 한다. 자신에 대한 인식을 바탕으로 한 타인 존중이 공동체의 진정한 의미라는 것 그리고 개인의 다양성을 존중하고 서로 연대하는 공동체의 회복을 경험할 수 있는 곳이 바로 학교여야 한다.

또한 자신과 타인이라는 인간관계를 넘어서 환경과 자연에 대한 관계를 물적 가치가 아닌 생존의 문제로 통찰하며 살아갈 수 있는 사람, 특히 미디어와 인터넷에 의해 이미지화된 가상경험에 익숙한 아이들에게 직접경험을 통한 감성과 직관력을 가질 수 있게 해야 한다. 또한 노동을 인간 삶의 풍요를 위한 수단이나 도구적인 가치가 아닌 자연과 인간이 더불어 생존하고 자기를 실현하는 생명의 가치로서 이해할 수 있어야 한다. 이 모든 것은 일상 속에서 자연스럽게 경험하고 실천할 수 있어야 한다. 행동으로, 삶의 방식으로 배움의 과정이 되어야 한다는 뜻이다. 생활 속에서 학생들과 동행하며 만들어가야 하는 것이다.

우리 민족은 예로부터 늦가을 감을 딸 때조차 집 주변에 살고 있는 까치들을 위해서 서너 개는 남겨두는 미덕을 발휘했다. 이러한 '까치밥의 철학', '상생과 공존의 가치', '천천히 그리고 지속 가능한 사회를 위해 남겨두는 아름다움' 등이야말로 우리 교사들이 학생들에게 가르쳐야 하는 '아름다운 것'들이 아닐까?

1년이 지나면 아이들은 어느새 담임교사와 많이 닮아 있다고들 한다. 그렇기 때문에 더더욱 교사는 가르치는 일과 더불어 자신의 모습에 책임지는 삶을 살아가야 한다. 머리와 말, 즉 관념과 이론으로 가르치는 것이 아닌 자신의 몸으로, 삶으로 가르쳐야 한다.

나는 어떤 삶을 아름답고 가치 있다고 생각하는가? 그리고 나는 진정 그렇게 살고 있는가? 이렇게 항상 자신의 내면을 들여다볼 줄 아는 교사의 성찰에서 진정성을 가진 교육의 힘이 발휘될 수 있을 것이다. 나 또한 삶의 진정성에 대해 고민하고 살아가는 지금, 현재의 모습이 그대로 살아 있는 인간 교육과정을 실천하기 위해 다짐하고 또 다짐한다.

> 각박하고 치열한 경쟁사회에서 우리가 아이들에게 정말로 해줘야 하는 말은 '이겨라!'가 아닌 '함께하자!'가 아닐까요?

교사의 말하기는 하루아침에 완성되지 않는다

우리 속담에 "천리 길도 한 걸음부터"라는 말이 있다. 무슨 일이든 차근차근 한 걸음씩 나아가야 한다는 뜻이다. 학생의 삶에 힘이 되는 교사의 말하기 또한 하루아침에 이룰 순 없다. 수많은 시행착오를 거쳐서 자신의 진심을 전하고 말을 효과적으로 전하는 방법을 끊임없이 연구해야 한다. 나아가 말을 지혜롭게 하는 교사가 되려면 훨씬 더 성숙해져야 한다. 필자는 진심으로 말을 잘하는 교사는 행동으로 가르치는 교사라고 생각한다. 그런 의미에서 '침묵으로 가르치는 교사'가 정말 훌륭한 교사다.

말은 마음을 담는 그릇, 내면의 목소리에 귀를 기울여야

모든 선생님은 아이들을 바르게 성장시키고자 하는 선의를 가지고 가르칠 것이다. 그렇지만 자신의 선의가 얼마나 잘 전달되고 있는지, 아이들에게 평소 익숙하게 던지는 말들이 혹시나 상처를 주지는 않는지 한번쯤은 되돌아볼 필요가 있다. 특히 무심코 던지는 말이나 습관적 행동이 혹시 아이들을 함부로 재단하고 있는 것은 아닌지 생각해보아야 한다.

말은 마음을 담는 그릇이다. 특히 교사의 말은 한 아이의 인생을 담을 만한 크기를 가지고 있어야 한다. 교사의 입장에서는 가볍게 던진 말이 아이들에게는 인생의 지침이 될 수도 있고, 반대로 지울 수 없는 상처를 남길 수도 있다. 그러기에 교사는 늘 자신의 말에 책임감을 가지고 내면의 목소리에 귀를 기울여야 한다.

아이의 자존감을 높이는 교사의 관심과 따뜻한 말 한마디

스스로에 대한 긍정적인 믿음을 가진다는 것은 학습 과정이나 세상을 살아가는 데 있어 매우 중요하다. 흔히 자존감이라고 부르는 자신에 대한 '평생믿음'은 어린 시절에 형성되는데, 초등학교에 들어올 나이가 되면 어느 정도 굳어져 있어서 학습에도 매우 큰 영향을 미친다고 한다.

"나는 능력이 있어!"라고 믿는 아이와 "나는 멍청하고 실수투성이야…"라고 믿는 아이 중 누가 더 배움에 적극적으로 임하게 될까? 두 말할 필요도 없을 것이다. 자존감은 자신이 원하는 대로 자기 인생을 만들어가는 데 결정적 역할을 한다. 그리고 우리 교사들의 말은 때로는 아이들의 자존감을 흔들기도 하고, 또 때로는 힘을 주기도 한다.

"너는 참 끈기가 있구나."
"선생님, 끈기가 뭐에요?"
"응, 네가 수학문제를 풀 때 보여주었던 것처럼 어려운 문제가 나와도 쉽게 포기하지 않고 끝까지 푸는 걸 말한단다. 어려운 일에도 노력을 끝까지 해서 결과를 얻어낼 때 끈기가 있다고 말하는 거야."
"아, 그럼 나는 끈기가 있는 거네!"

앞으로 이 아이가 어떻게 행동할지는 아이의 말속에서 이미 예정되어 있는지도 모른다. 때로는 교사의 말이 아이의 미래를 결정할 수도 있다. 교사의 말은 자존감을 살려주고 용기를 주고 상상력을 자극한다. 그렇기 때문에 우리 교사들은 어떻게 말해야 할지 늘 고민하고 또 준비되어 있어야 한다. 그래서 늘 자신의 말하기를 거울에 비춰보며 성찰해야 하는 것이다.

어떤 상황에서 어떤 말을 할지 늘 고민하고 매 순간마다 선택하는 것이 어렵지만, **교사가 무슨 말을 해야 할지**는 이미 정해져 있는지도 모른다. 샤르트르가 'No EXIT' 이란 말에서 자신의 출구를 찾은 것처럼 말이다.

강원국, 《대통령의 글쓰기》, 메디치미디어, 2014.

고재학, 《부모라면 유대인처럼》, 예담Friend, 2010.

언규동, 《말한디 는 것》, 너머학교, 2016.

유성룡, 《징비록(지옥의 전쟁 그리고 반성의 기록)》, 서해문집, 2003.

이기주, 《말의 품격》, 황소북스, 2017.

이오덕, 《이오덕의 글쓰기》, 양철북, 2017.

정병태, 《나를 바꿀 수 없다면 하는 말을 바꿔라》, 넥스웍, 2017.

한비야, 《중국견문록》, 푸른숲, 2006.

데이비드 브룩스, 《소셜 애니멀》(이경식 옮김), 흐름출판, 2011.

데이비드 폴레이, 《3초간》(신예경 옮김), 알키, 2011.

데일 카네기, 《카네기 인간관계론》(최염순 옮김), 씨앗을뿌리는사람, 2004.

도널드 L. 핀켈, 《침묵으로 가르치기》(문희경 옮김), 다산초당(다산북스), 2010.

라 로슈푸코, 《잠언과 성찰》(이동진 옮김), 해누리, 2010.

미우라 노부타카, 《언어제국주의란 무엇인가》(이연숙 옮김), 돌베게, 2005.

야마나카 신야·마스카와 도시히데, 《새로운 발상의 비밀》(김소연 옮김), 해나
무, 2014.

존 맥스웰·레스 패로트, 《작은시작: 신뢰를 얻는 25가지 심리 기술》(한근태 옮
김), 다산북스, 2008.

캐롤 드웩, 《마인드셋》(김준수 옮김), 스몰빅라이프, 2017.

토머스 길로비치·리 로스, 《이 방에서 가장 지혜로운 사람》(이경식 옮김), 한경
비피, 2018.

교육부, "아이의 다락방 유신고 김서규 진로진학상담교사의 상담 사례", 〈행복한 교육〉, 2018.8.

안창호, "청소년들의 언어습관, 소통유감", 〈월간개벽〉, 2015년 3월호.

《문화일보》, 2013.5.23.

《헤럴드경제》, 2015.2.10.

〈EBS 다큐프라임〉 "왜 우리는 대학을 가는가 5편- 말문을 터라 편"

〈MBC 스페셜〉 "감독 봉준호 편"

http://eduhope88.tistory.com/185[교육이야기]〈질문이 살아 있는 수업〉

http://blog.naver.com/oracle0_0/150094414931 〈어떤 점에서 언어는 지배의 수단인가?〉

http://blog.naver.com/uniloverse/221340755800 〈교학상장〉